非常校长

褚清源 黄浩 著

山东文艺出版社

专家推荐

范校长领导景炎学校开展生本教育，一做就是10年。在这10年中，学校折射出了民办学校特有的风采。每一届的毕业生都以很高的素养和优异的成绩，升入高一级学校，成为当地民校的亮丽品牌。学校自开办以来，有152名初中毕业生经过高一级学校的学习，进入清华、北大。实践证明：生本教育是具有无限生命力的教育，范希娟校长是一位能带给教育美好未来的校长。

——华南师范大学博士生导师　郭思乐

范希娟校长是一位锐意创新、特质鲜明的人。她带领团队，进行民办教育的实践研究，通过20年的励精图治，把景炎学校打造成当地基础教育第一品牌。作为一名女校长，她的前瞻视野和创新特质令人印象深刻。民办教育领域能有这样一位敢吃螃蟹的女校长，实乃基础教育之幸！

——华东师范大学博士生导师　熊川武

范希娟是我见过的为数不多的一位走职业化发展之路的女校长。在我眼中，范校长是一位有教育信念的人，能够不惧艰辛，把景炎办成名校；她也是一位有感染力的人，对学校投资方是，对她的工作伙伴也是；她还是一位有格局的人，能够为学校的发展提前布局，并持续推进学校内部治理改革，稳固学校发展的文化基因，构建学校优良生态。

——《中小学管理》杂志社社长　柴纯青

范希娟小传

范希娟，湘中人，少豪侠任气，有慈孝之心。年二十为人师，至今三十七载矣。

初，娟执教于株洲市二中，每每夙兴夜寐，案牍劳形，人所不能及。日久，常自叹今之教事多弊，欲除之而独力难支，遂入民校景炎。益敬事，乃重整纲纪，革新课程，开庠序未有之风。未及三年，如杜宇初啼，声名始噪。千禧年政令忽出，湘中民校不得附庸公校，景炎自此无立锥之地，一时闻者耸动，未尝不黯然神伤，娟则曰：诸君自去，虽一人吾当自守尔。人感其言，竟无一去者。后有名贾潘长海只手相援，方渡此劫。

娟，近不惑而受大任，益为发愤。率柱石之士，固生本之基，谋课堂之变，兴素质之教，凡有试，屡为株洲初中魁首，往来云者响应，慕名而就学者夥矣。湘人奇之，或问其故，娟曰：非求广全，乃求精细，日教日育，适切而已矣。众皆叹服，引为湘中女杰。

去岁，政令再出，禁公职者入民校，景炎弃公职者凡二十七人。娟感而泣。《论》曰：德不孤，必有邻。此范希娟之谓也。

写在前面

何为校长？

有人说，校长是掌握学校方向盘的人，是雨天里给师生撑伞的人。

有人说，校长是陪伴学生、陪伴教师、陪伴家长一起修行的人。

也有人说，校长生涯就是带领一群不完美的教师和不完美的学生一起走向完美的旅程。

何为民办学校校长？

董事长说，民办学校校长是执行办学人思想的人。

校长说，民办学校校长在董事会的授权下要真正拥有独立的学校管理权。

在我看来，民办学校的校长要做好三件事：一是把学生招进来，尤其是优秀的学生；二是把学校教育品质提上去，然后把口碑、品牌传播出去；三是持续地做好前面两件事。

何为非常校长？

专家认为，非常校长一定是坚守学生立场、捍卫教育常识的人。

媒体人认为，非常校长要有非常业绩和非常故事，要敢走别人不敢走的路，敢过别人不敢过的河。

湖南株洲景炎学校校长范希娟则说，欲戴王冠，必承其重，非常校长要敢担当、能负重、会操心、有立场，做事要用心、用情、用智，将关注人与关注事结合在一起。

这就是非常校长范希娟的"非常表达"。

"我很感动我们景炎团队生出了狼性，拼出了血性。"2018年教师节，范希娟在庆祝会上说，"我毫不掩饰我的追求就是努力成为一名卓越的校长。卓越校长就要拒绝平庸，目标就是打造一所卓越学校。卓越学校就是将自己作为对手，要不断战胜自我，告别过去的成绩，把每一天当作新的起点。"

目录

非常校长

序一
  讲好我们的教育故事   / 1

序二
  做民办教育的故事收集人   / 1

序　章
  何谓"非常"？处非常之时，行非常之事，立非常之功，乃非常之人。范希娟之"非常"，在于她在关键时刻，救景炎于危难之际，并带领团队连续18年保持中招成绩全市第一。但在范希娟看来，凡是过往，皆为序章。

01 期待职业校长群体的崛起   / 3
02 非常校长范希娟   / 9
03 用数字讲述传奇   / 16

第一章 衍变
  故事开始的地方，往往荆棘丛生。当景炎与初担大任的范希娟遭遇危机，他们便绑在了一起，一荣俱荣，一损俱损，当选择成了他人的一道难题，范希娟却以"虽万千人吾往矣"的姿态，迎难而上……

04 景炎诞生记   / 21
05 优秀文化的传承   / 26

06 我们一起上船 / 29
07 景炎开头事事难 / 32
08 当教师第一次被扣钱 / 37

第二章 裂变

初渡难关的景炎,从此与"范希娟"这三个字唇齿相依。困难仍然接踵而至,危机并未远离。所幸这一时期,范希娟不仅迎来了生命中的"贵人",更在一系列变革中,迎来景炎的"辉煌前夜"。

09 剥离之痛 / 43
10 结缘温州商人潘长海 / 48
11 和董事长"13年没红过脸" / 52
12 剥离后的行动研究 / 56
13 确立"生本立场" / 60
14 "后教学模式时代"的课堂改进 / 66
15 管理就是激扬生命 / 72
16 难忘的"景炎之夜" / 76
17 27位景炎名师集体放弃公职 / 79

第三章 蝶变

景炎成为一面旗帜后,范希娟决然走出舒适区,她博采众长为己所用,甚至一度蹚进"无人区",寻找景炎的下一个"增长极"。坚守与突破中,终有一天,景炎化茧成蝶,曼舞翩跹。

18 范希娟的"教师发展哲学" / 87
19 阅读:快时代里的慢选择 / 93

20	范希娟的"七字管理诀"	/ 97
21	景炎的"生活邀请"	/ 104
22	毅行的力量	/ 108
23	开学典礼:给学生最有爱的仪式感	/ 113
24	让学生成为学校的主人	/ 120
25	"走班"走出自主,"选课"选出梦想	/ 123
26	绘制景炎课程图谱	/ 129

第四章 创变

未来已来,唯变所适。今天的范希娟,不仅是一校之长,也承担起了更多的社会责任。她眼中的未来,超越了工作,超越了学校,更超越了自我。人生尚未圆满,未来需要共创,景炎的故事仍待续写。

27	红色景炎	/ 135
28	跨越500公里的精准扶贫	/ 140
29	"三真"代表范希娟	/ 144
30	范希娟的语言魅力	/ 147
31	向企业家学习	/ 155
32	范希娟不相信奇迹	/ 160
33	带着痛点思维回看与展望	/ 135
34	范希娟心中的"三道坎"	/ 170
35	说给景炎人的"情话"	/ 173
36	学习景炎好榜样	/ 178
37	缔造"新景炎"	/ 184

第五章 篇外

读懂一个人并不容易。要足足回眸 50 多年的光阴,我们才发现了范希娟的真、执、勇、信、孝,如同多维空间的多条射线,最终汇聚一点,成就一个"非常"之人。

38 父辈的"礼物" / 191

39 成长是生命唯一的奖赏 / 195

40 尽量做"忠孝两全"的女儿 / 200

附 录

01 范希娟:打造一支"虎狼之师" / 207

02 范希娟教育观点 50 条 / 217

03 范希娟"普鲁斯特问卷" / 220

04 景炎教育说明书 / 223

05 景炎学校大事记 / 225

后 记 / 235

讲好我们的教育故事

雷振海

《非常校长》一书是中国教师报两位优秀记者倾心写就的一部人物传记。这部书讲述了株洲市景炎学校20年的艰难成长之路，以及校长范希娟的非凡职业经历，其中既呈现了她在政策变化中及时调整思路、寻求出路的智慧，也展示了她新时期大刀阔斧进行课改的诸多开创之举。仔细品读，不仅能让人感受到范希娟校长的个人魅力，还可以窥见一所学校领跑发展的奥秘。事实上，这样一位校长和一所学校，也折射出了中国民办教育这20年来波澜壮阔的发展历程。

多年来，中国教师报一直致力于发现、记录教育领域的典型人物与典型经验，与以往的长篇报道或者报纸多版联动呈现的形式不同，这一次我们的记者是以一本书的容量来立体式呈现一个人物。此前，由褚清源、黄浩和崔斌斌联合撰写的《非常教师》一书，记录了四川遂宁遂州外国语小学校教师团队的故事，在业界引起了广泛关注。相信这本书同样会受到读者的欢迎。

虽然中国教师报的编辑、记者人数不多，但他们常年行走在一线，深入学校教育现场，报道了很多独家经验和有魅力的人物。这一次之所以用这样的方式来推介一位校长，除了机缘之外，更为重要的是，范希娟校长身上确实有一种能打动人的魅力和一套令人信服的办学经验。这与中国教师报一贯选择报道对象的标准是一致的。当然，要写出十多万字真正有内涵而非流水账的文章，对记者来说是一个不小的挑战。所幸，范希娟校长确实是一个有丰富故事的人，使得这本书宜读，能给大家带来更多的启发。

读完这部书稿，我发现，范希娟校长首先是一位真正懂教育、爱教育的行家。作为一所民办学校的掌舵人，她的目光始终瞄向愿景发展，锁定孩子的成长，而非仅仅在意眼前的分数。她思考更多的是，如何让学校保持可持续性发展，为社会提供优质的教育资源；如何面向全体学生，为孩子的终生发展实现"快乐""素质""成绩"全面统一。这样的教育情怀支撑起一个"不功利"的景炎学校。

范希娟校长还是一位真正从课堂里走出来的职业校长。她始终能抓住学校发展的两个核心元素——教师与课堂。她认识到，对于学校这样一个塑造生命、提升生命价值的乐园来说，人永远是第一位的。发展学校就是发展教师，发展教师就要依靠教师。所以，范希娟构建了一系列"以人为本"的教师成长制度，让教师"安心、舒心、乐心、齐心"。在课堂建设上，范希娟则秉持"海纳百川"的基本理念，以生本教育为核心，吸纳了全国众多的优秀做法。这些都体现了一名专业教育工作者的远见与务实精神。

值得关注的是，范希娟不仅仅以其情怀与专业服人，更以其勇气、魄力与率先垂范的实际行动成为景炎团队的精神领袖，这一点，从许多教师宁愿放弃公办教师编制也愿意追随她便可见一斑。可以说，人格力量是范希娟深孚众望的最终原因——这一点，值得诸多民办教育办学者借鉴。

民办教育是教育事业发展的重要增长点，是促进教育改革的重要力量。就像一所学校的发展需要最大限度地依靠教师一样，教育改革的繁荣同样需要民办教育这支建设性力量。解决人民日益增长的优质教育需要和教育资源不平衡不充分之间的矛盾，同样需要民办教育工作者谱写更多的美好篇章。

教育部陈宝生部长说："要讲好教育故事，传好教育声音。"我们期待着更多像范希娟一样的好校长涌现，期待着民办学校的办学者、校长和教师创造更多的成功经验，讲好自己的教育故事。而作为国家级教育媒体，中国教师报的记者同样有责任"零距离"贴近他们，以专业视角和生动的文字传播好这样的故事。

作者系中国教育报刊社副社长、中国教师报总编辑

做民办教育故事的收集人

褚清源

民办教育人都是有故事的人。范希娟的故事格外精彩。

37岁时她从重点高中转身进入民办学校,从副校长到校长一干就是20年。学校在她的带领下,自有第一届毕业生开始,连续18年中招成绩全市第一。

走到第6个年头时,受到与母体学校剥离的政策冲击,学校陷入了一场没有场地、没有资金、面临解体的危机。是她只身一人找市长,联系投资商,最终使学校顺利涉过了发展中的第一个险滩。

从母体学校彻底剥离后,学校又在范希娟的引领下,在实现"五个独立"的基础上,旗帜鲜明地确立了"生本教育"思想,实现了办学思想的独立。

学校即将迎来20年校庆时,因为政府的一纸文件,全市原来以公办教师身份在民办学校支教的教师必须回归公办。这原本是一场无法化解的危机,可出人意料的是,27名公办教师集体辞去公职,选择继续"留守",再次谱写了展示团队凝聚力的新篇章。

……

故事发生在湖南株洲。这所学校就是株洲市景炎学校——株洲初中教育的首席地标。

20年来,范希娟一次次把这所民办学校从困境中拖出,并带领它不断向超出众人预期的高度攀登。

有人说她是"教育界的董明珠",是"李云龙式"的女校长。这样的评价还不足以概括范希娟的全部,但的确可以帮助大家更好地认识这位有故事的"非常校长"。

认识范希娟是在3年前的一次会议上。那天,她以学习者的姿态,展现了她的务实、低调、较真与精进。

但是,我从来没有想过,后来会有机会数次走进她所在的学校,与她长谈民办教育的艰辛跋涉,并因此去写一本书。

写这本书让我可以又一次走近一位有故事的人,通过访谈、倾听、记录,去真切感受一位职业校长的别样人生。

(一)

把范希娟定义为"非常校长",是因为她的性格和故事的确有非常之处。她的性格赋予了她一身的故事,而她的感染力又赋予她的故事以别样的精彩。她善于表达,通常能在极具冲突感的叙述中把别人带入"她的世界"。她的故事不仅具有丰富感、奋斗感,而且更具传播性。

范希娟是典型的"辣妹子",生在湖南,长在湖南,学在重庆,毕业后曾在四川自贡工作,后又调回湖南株洲。她是一位有个性的人,睿智、干练、感性、严谨、细腻、豪爽、雷厉风行……这些词语都可以用来形容范希娟。她的性格里有《亮剑》里李云龙带团队的霸气,更有企业家董明珠做事情的干练。其实,范希娟身上的特点远不止这些。了解她需要慢慢走入她的世界。

董明珠36岁辞职南下,范希娟37岁从重点高中的中层领导转任分校担任教学副校长。董明珠放言：让世界爱上中国造！范希娟的"非常表达"则激励着景炎元老和后来者不敢懈怠：景炎不能走公办教育的老路，要开辟民办教育全新的赛道！

范希娟的偶像是《亮剑》里的李云龙。她像李云龙一样带出了一支"虎狼之师"。她把景炎的教职员工视为自己的兄弟姊妹，在工作上高标准严要求，生活中则悉心关怀。她所带领的景炎团队，"长者绝不藏私，悉心指导；幼者虚怀若谷，细心求教"，团队上下齐心，是一支来之能战，战之能胜的"教育铁军"。景炎学校除了让教职工享受与公办学校一样的"五险一金"保障外，还专门为他们购买职业年金，为景炎人的未来提供长远的呵护。

走过20年，景炎学校的发展可谓"九死一生"。说九死一生一点都不矫情。20年来，景炎人一次次涉过险滩，穿越迷茫。一道坎迈过去了，又一道坎迎面而来，并且每一次难度系数都在增加，每一次过程都一波三折，好在最后的结果总是柳暗花明。

2006年，在景炎学校从母体学校剥离的过程中，范希娟开始担任校长。全面主持学校工作后，范希娟便开始了学校"救亡之路"的奔走。

因为没有办学场地，景炎成了"没娘的孩子"。有人说："景炎学校这次真的要完了。"但范希娟不放弃、不气馁，凭借一次次的努力最终瓦解了外界对景炎前景的不看好。因为范希娟的一封"鸡毛信"打动了市领导，景炎暂时找到了一个栖身之所，在一所废弃的校园里开始了新的办学之旅。

这只是景炎学校经历发展危机的一个缩影。景炎之所以能顺利渡过一次次"危机"，不是因为范希娟是女强人，而是因为她不服输的精神、自强自立的精神和对全体教师负责任的精神。

民办学校发展拐点处的每一次选择都取决于领导者的胆识和远见，视野和格局，范希娟身上除了这些，还有责任。

斯蒂芬·茨威格曾在《人类群星闪耀时》中写道："一个人命中最大的幸运，莫过于在他的人生中途，即在他年富力强的时候发现了自己生活的使命。"范希娟在她37岁时选择到民办学校这个全新的平台工作，说明她不想过那种未来一眼就能看到底的生活；43岁时遭遇学校的剥离之痛，则让她明白了肩上的责任——不能对不住与自己一路打拼的"兄弟姊妹"。

（二）

每一位认真奋斗过的人都值得尊敬。民办学校的校长也一样。

当很多人认为，民办教育充斥着功利、虚假和反教育的现象时，我想告诉大家，这个行业里还有一群人在用心、用情、用智守护着教育的底线。与大多数有情怀的教育人一样，范希娟和她的团队在自己的领地里深耕着一块"教育的责任田"。"学校姓私，但学校里的教育不是，它永远姓'公'。"范希娟说这句话的时候满眼真诚。

对于一所成功的学校，很难用具体的方法论诠释清楚其发展的密码，但故事背后的精神，冲突背后的心态，会帮助人们更好地了解隐匿其中的秘密。

前人走过的路、迈过的坎，你可能依然要再走一遍，再迈一次。但如果你读过这样的故事，可能会走得更加从容。

这是一部变革年代的民办学校发展史，一场激荡20年的集体创变与较量。这本书以景炎学校的发展脉络为时间线索，详细记录了一位校长和一所中学20年发展的全过程。实际上,这样的故事不只发生在景炎,也不只发生在范希娟身上。这份记录旨在让更多的人看见民办教育人的梦与痛、幸福与愁绪。

《非常校长》这本书旨在为读者打开一个了解民办教育的窗口,让读者通过范希娟和她领导的景炎学校,看到民办教育更丰富的时代镜像。写这本书,让我更深刻地理解了一位"职业校长"的角色定位,知道了当带着一份责任和热情去做教育时,"职业校长"有无限的天地,可以大有作为。

所以,这本书同时也是向那些敢于挑战不可能的"职业校长"致敬,向正在崛起的"职业校长"群体致敬。我一直认为,决定民办教育整体繁荣的不只是资本、政策和教师,还有职业校长群体的崛起。这也许正是这本书的社会学意义。

这本书的看点以及可能引发的思考,大致梳理如下:

1. 民办学校的校长比公办学校的校长更需要主动担当,更需要精进和创变。范希娟作为一校之长,在学校里起了什么作用?

2. 民办学校的当家人需要学会与困难恋爱,但这场恋爱甜蜜中有酸痛,可谓爱恨交织。那么,范希娟在困局中是怎样破局的,又体验到了怎样的幸福与甜蜜?

3. 民办学校发展的关键在于董事长与校长之间的默契度,范希娟与董事长之间是怎样默契合作的?

4. 赢在团队,是民办学校发展的秘密,范希娟带出了一支怎样的团队?所谓的"虎狼之师"到底赢在何处?

5. 职业校长群体的崛起速度决定着民办教育未来的繁荣程度。那么,范希娟作为一名职业校长能给我们带来哪些启示?我们可以向她学习什么？

6. 范希娟所领导的景炎学校到底做对了什么？遵循了哪些基本规律，找到了哪些路径？这个学校样本和生命样本给中国民办教育带来哪些启示？

本书正是围绕着这些问题逐步展开叙述的。当然，将一个人的过往和一所学校 20 年的发展历程浓缩进一本书，是一项艰难的工作。过去的一段时间，不知有多少个早晨我是从在电脑上码字开始的。我希望这本书可以影响更多人看待民办教育的心态，让更多人重新认识民办教育的价值和意义。

（三）

作为一名记者，我凭借文字来省察人生，文字是我理解社会和生活的拐杖。我所理解的记者的职责，就是走进更多人的故事里，聆听、记录、传播，将更多有深刻生命体验的人生故事介绍给读者，讲述更多人的丰富人生。

因为走进过太多的民办学校，走近过太多的民办教育从业者，我目睹和聆听了民办教育领域太多触动心灵的人和事。记录更多这样的故事，旨在让社会看见民办教育的硕果和风骨，让更多有情怀的民办教育人能看见彼此，温暖彼此。

我目睹过太多民办学校的不堪，比如那些匍匐在乡村的"村小"。十多年前，我走进过一些家庭作坊式的民办学校，如今，它们中有不少早已从民办教育的数据统计中退场，消失得无影无踪，甚至已经很少有人记得它们存在过。这样的"看见"，使我更加确信一点：民办教育这个群体有多么不堪，就有多么可爱。

民办教育有很多面孔，但丰富多样的面孔很少被真正"看见"。大众对民办教育这个群体还很陌生。有时候大多数的"看见"，是那些经过抽象后的数字，是那些携带着偏见和病毒的"坏新闻"。而我更愿意讲好民办教育故事，记录那些具体、生动、丰富的民办教育细节。

17年前，我第一次以记者的身份走进民办学校的新闻现场，见证并记录了一所民办学校的发展之痛。

6年前我出版了第一本关于民办教育的专著——《中国民办教育观察》。这是我采访记录民办教育10年所累积的成果。

5年前，我主编了一本名为《为民办教育立言》的书，这是我负责《中国教师报·民办教育周刊》主编工作三年来的副产品。

两年前，我和同事一起撰写的《非常教师》一书出版。这本书记录了一所民办小学的教师群像。

一年前，我为一位80岁的民办大学创始人撰写了一本名为《八十而述》的传记。

眼下，我正在记录非常校长范希娟带领她的团队所走过的20年风雨历程。这本书让我在"为民办教育立言"的路上又向前迈进了一步。

这样坚持为一个群体撰文，源于早期对民办教育的关注，也源于浙江大学吴华教授的点拨。

7年前的一个晚上，我和浙江大学吴华教授相遇在江苏句容。吴老师是我关注民办教育的引路人。

我说，我想写一本《中国民办教育批判》的书。我觉得需要对民办教育内部的很多致命伤和劣根性做一次深刻的剖析，让更多办学人觉醒。"不戳到痛点则不足以让人觉醒。"我说。

"这个选题很有价值，但是现在还不是时候，民办教育还很年轻，需要更多的呵护，而不是指出问题。"吴老师说，"很多现在暴露出来的问题在发展中会自然解决。"

是的，社会关注了民办学校太多的"丑"与"恶"，却很少关注民办学校的"梦"与"痛"，这似乎是一个巨大的矛盾。我们太需要看到这个群体的"大"，而不是无限放大它的"小"，正像人在孩提时常常是在犯错中成长一样，我们整个社会需要给民办教育一个成长期。

这次长谈，让我坚定了"为民办教育立言"的信念。

于是，我开始切换视角来记录民办教育领域那些有情怀的人和事。不是为了歌颂，而是为了让更多人知道，民办教育里不只有功利和不堪，也有责任和大爱。这个行业里有太多人们看不见的教育细节。

我一直致力于"为民办教育立言"还有一个重要的原因，那就是当下整个社会对民办教育缺乏应有的信任，偏见中甚至带有鄙视。这不是一种健康的心态。

持续关注民办教育10多年了，我清醒地认识到，民办教育与公办教育一样，都有担当者和理想者，也都有功利者和投机者。而且，这个群体更需要社会关注。我努力素描一个鲜活的人物群像，组成一部新时代民办教育的史诗。我笔下的这些人物，他们也许不是民办教育领域灯塔式的人物，但他们一定是手举火把的燃火者。而民办教育的繁荣不仅需要灯塔，还需要火把。

凡是过往，皆为序章。

我的记录才刚刚开始，我愿意做民办教育故事的收集人，做报道中国民办教育最好的记者，记录那些有光的民办教育人。

序章

何谓『非常』？处非常之时，行非常之事，立非常之功，乃非常之人。范希娟之『非常』，在于她在关键时刻，救景炎于危难之际，并带领团队连续18年保持中招成绩全市第一。

但在范希娟看来，凡是过往，皆为序章。

01 期待职业校长群体的崛起

每一个让人赞叹的故事背后,都有一份超越功利的坚守和全力以赴的投入,故事主人公的传奇经历往往以真诚、热爱、付出为前提。

范希娟就是这样一个生命样本。在最需要帮助的时候,她遇到了有情怀的董事长潘长海,他们在谋事业的发展中成了真正的黄金搭档。正是在这样的二次创业背景下,范希娟才能干得更加从容。

"董事长与校长之间的关系"是制约民办学校发展的最大瓶颈。两者之间的矛盾似乎是一种天然的存在,一旦激发,学校的发展就会受到致命的影响。

通过对范希娟校长的访谈,我们对这一问题又有了新的认识。范希娟与董事长潘长海合作 10 多年,默契融洽。潘长海充分授权,范希娟对董事会高度负责,这一对事业上的"黄金搭档"让差点"无家可归"的景炎学校开始加速生长,逐渐成为民办学校的一个品牌。

有人曾拿"夫妻关系"来隐喻董事长与校长之间的关系。董事长找到对的校长,与校长遇见对的董事长,如同找对象一样困难。这些年,我们目睹过太多董事长与校长从热恋到蜜月,从蜜月到七年之痒再到关系破裂的案例。

很多时候董事长与校长可以"共患难",但不一定能"共富贵"。

在发展初期，二者往往能亲密合作；当事业终于初见成效时，两个人就开始分道扬镳，要么董事长想换校长，要么校长要改旗易帜，另起炉灶。个中原因有很多，通常校长在董事长面前是弱势群体，两者因理念不合而分。当然，有时候校长也会以功臣自居，炒董事长的鱿鱼。

当前，"规范发展"是民办教育发展的大趋势。有专家放言：民办教育进入了又一个"寒冬期"。实际上，"危"与"机"从来都是一枚硬币的两面。"寒冬期"背后一定还隐藏着一个利好的机遇期。它会催生民办教育的一些"小趋势"渐渐长大。我们大致梳理了民办教育领域的如下"小趋势"：

1. 一些新概念学校正在成为跨界人才的聚集地。
2. 精神尺码一致的"教育兄弟"开始"同治共创"。
3. 职业校长群体正在悄然兴起。
4. 公办学校的"实力派"逐渐出走，流向高端民办学校。
5. 从挖名师到养人才、留人才，民办学校已进入"赢在团队"时代。

近年来有一个现象级事件正在引起业界关注：一批名校长纷纷离开公办学校投身民办教育，他们从体制内走向体制外，选择了更开放、更自由的办学环境。比如上海市洋泾中学校长、上海师范大学教授李海林，成都草堂小学校长蓝继红，山东潍坊广文中学校长赵桂霞，等等，都是其中的典型代表。

在我们看来，公办学校的名校长加盟民办学校仅仅是一个开始。在资本不断进入教育行业的背景下，人才的流动速度更快，那些有想法的校长必然会和有情怀的投资者携手，铸造不一样的"教育梦"。

只是，这并不代表民办教育有多大的吸引力，有时候名校长的出走可能只是因为厌倦了体制内的生存。说这些只是想提醒民办学校的办学人，只有创新用人机制，创生开放的学校文化，才可能吸纳更多有想法的教育人才加盟民办教育。

办学人必须正视一个现实：当前民办学校内部软环境的建设尚还有很长一段路要走，真正适合民办学校机制和文化的职业校长尚未成长起来。

纵观整个民办教育的生态，民办学校的校长大致有两类：一类是从公办学校聘请来的，一类是民办学校内部成长起来的。两类校长中都有顺风顺水的，同样也都有很多失败者。通常，从公办学校转身加盟民办学校的校长，常常带着公办的思维习惯来驾驭民办，难免水土不服，尤其是那些"空降兵"式的校长；通常自民办学校内部成长起来的校长，会对董事长过度依赖，习惯于听命令，不敢越雷池半步，长于执行而短于决策，忠诚有余而缺乏创造力。

那么，怎样才能做好民办学校的校长呢？在我们看来，应主要做好三件事：一是把学生招进来，尤其是优秀学生；二是把学校的教育品质提上去，然后把口碑、品牌传播出去；三是持续地做好前面两件事。当然，未来在禁止考试和跨区招生的情况下，民办学校校长要做的第一件事必须变，要切换到"把教师的专业发展搞上去，让教师体面而有尊严地生存"上。

如果校长能够做好这些事情，他在民办学校必然会有自己的地位和空间。范希娟校长就是凭借自己的热情和实力赢得尊重和地位的。优秀校长身上不可避免地潜藏着值得挖掘的基因和无法复制的精神，读懂他们将是一个漫长的过程；如果这样的校长越来越多，也就意味着一个独特的职业校长群体正在崛起。

范希娟的职业经历很好地诠释了校长的角色定位：一是要做好司机，把握好方向，方向正确比方法正确更重要，做正确的事比正确地做事更重要；二是要当好门卫，把好关，顶住外部的干扰和压力，为师生营造一方好环境。

随着《民办教育促进法》的实施，非义务教育阶段的民办学校进入了可营利的新时代，大资本逐步流向教育成为可能，会涌现出越来越多的民办学校。这意味着，民办学校将进入人才竞争的非常时期，而职业校长群体将在这一时期迅速成长并崛起。

职业校长呼之欲出，他需要有足够的胆识和智慧与董事长形成黄金搭档，需要有足够的经营能力，让学校走向繁荣。作为职业校长，学校办好了，所有的事情自然一顺百顺；学校办不好，则会陷入各种窘境。

现实中，董事长是否"懂事"与校长是否"职业"决定了民办学校发展繁荣的程度。有人提出过这样一个观点，职业校长要获得办学人的信任唯有做好两点：一、永远证明办学人是对的；二、永远用最小的成本，为办学人赢得最多的利润。在这两个前提下，职业校长才会获得想要的空间和自由。

这一观点尽管有些偏颇，但是，当董事长成为 所学校的最大体制时，如果校长总想着去改变体制，那注定会是悲剧。

职业校长是由职业经理人演绎而来的，是经济领域的概念向教育领域的迁移。有人说，职业校长有双重身份：一是学校的决策者；二是学校内部协作团队中的"首席"。有人说，职业校长这一概念意味着对校长专业化的认可。那么，校长的专业化如何定义？

校长的专业能力，不只意味着他要懂教育，更重要的是懂管理，懂运营，因为他所在的学校是必须在市场中野蛮生长的民办学校。如果说专业能力是职业校长的核心素养，那么独立决策则是职业校长的核心权力。能否独立决策是一位校长可否被称为职业校长的关键所在。一校之长不能独立决策势必成为董事长的附庸，于是，"职业校长不职业"就成了常态。出现这种问题，责任在董事长还是校长？河南民办教育共同体首席专家郑冠坤先生说，问题外显在董事长，本质其实在校长。是的，如果校长不能以其应有的专业能力赢得董事长、赢得教师的认可，无法带动学校的发展，也就很难赢得董事会所赋予的独立决策权。

2017年6月，我们通过自媒体发布了一条寻访全国民办学校职业校长的信息。计划围绕职业校长做专题访谈，记录职业校长的成长故事，解密职业校长的"教育经"，追问职业校长的教育思考。

范希娟便是我们寻访对象中的一员。从她身上可以提炼出职业校长的如下特质：

第一，职业校长的第一属性不是专业性，而是独立性。职业校长要从公办校长的生存逻辑里跳出来，从过度依附董事长的循环里走出，真正成为民办学校内部治理的责任人，充分对董事会负责，对教师负责，对学生和学生家长负责，最终对学校的发展负责。如此，民办学校才可能实现专业治理力量的觉醒，才可能真正领跑教育变革。

第二，职业校长是需要"职业精神"的。职业校长要有三大精神：一是担当精神，即勇于承担责任，遇到问题时不能把责任推到办学人或下属身上；二是廉洁精神，廉洁是一种精神，也是一种能力，在民办学校工作要比在公办学校工作更廉洁，对自己要求更严格，换句话说，廉洁应该是职业校长的底线；三是学习精神，没有人可以凭借过去的经验应对未来的事情，不断学习才可能让人从容应对未知，迎接未来。具备以上三种精神，职业校长才可能提高自己的身价。

职业校长是中国民办教育发展历程中的特定群体。在民办学校做校长的人未必是合格的职业校长。职业校长有职业校长的特质和精神，职业校长有职业校长的痛点和故事。

本书的主题，就是通过讲述范希娟校长的职业经历，来擦亮一个尚未被关注的群体。

范希娟的职业经历是对民办学校职业校长角色很好的注脚。通过对范希娟这位"非常校长"的记录，期待有更多的职业校长走进我们的"寻访计划"，期待更多的"范希娟们"涌现，推动学校教育的深度创新。

02　非常校长范希娟

所谓非常,乃特别的平方,迥异、格外、与众不同的组合。范希娟之于非常,则是其独特经历和霸蛮性格的集成。

两年多来,一次次的探访、聆听、记录,让我们看到了一位不甘平庸的英语教师,一位特别孝顺的女儿,一位不愿意接受悲观现状、敢担当和能坚持、有激情和智慧的职业校长。这些构成了范希娟的特质和魅力,也构成了景炎品牌的基座。

《湖南教育》杂志记者李统兴曾在一篇文章中这样描述范希娟:她豪爽,但不乏细腻;高傲,但懂得尊重人;求实,但不庸俗;真诚,但不简单。她有着教育家的思想和气质、企业家的精明与务实、社交家的机智与幽默、改革者的胆量和气魄。由于具有这些品质,她先后获得了湖南省先进工作者、省民办学校优秀校长、株洲市十大杰出青年等多项荣誉。

作为校长,范希娟的确很特别。她像一团火,总能给团队以温暖和光亮。

有研究表明,受人尊敬的领导者具有的最重要的20种品质中,排在前四位的分别是:真诚、有前瞻性、有胜任力、能激发人。就这四点而言,范希娟堪称典范。

范希娟"非常真诚"

在说服当年的同事加盟景炎时,她说:"我们一起上船,一起下船,我绝不会丢下大家。"范希娟管理景炎团队的方式很有人情味,因为有人情味,更多的元老选择了坚守景炎。

每个人都要演好自己的人生剧本,但人生剧本的正确打开方式是不违背自己的内心。"带领大家投身于一个不可预知未来的选择,我不能只靠脑子,还要用心。"范希娟说,"我不能对不住这帮人。"

有时候责任就是这样产生的。在政策面前,个人的挣扎很无力。范希娟的努力不是想证明给谁看,而是"割舍不下",这种情愫有时候会让外人看起来有些偏执。但客观地说,这种努力更多的是出于一位"邻家姐姐"对周围人的爱护。"我从来没有多么高尚,只是尽己所能而已,即使不能扭转这个局面,但我至少为此努力过。"这样的告白无疑是真诚的。

有人说,没有范希娟就没有景炎。范希娟则说:"景炎的发展中有我无法抹杀的努力,但是,景炎今天的发展是整个景炎团队奋斗的结果。我再努力也不可能替所有的教师去上课吧。"

范希娟"非常有前瞻性"

范希娟做事情的"前瞻性",在她老公王力行看来就是她有"富人思维"。她一点也不保守,对新事物始终保持一种特有的敏感性。

在发展初期,范希娟就经常提醒她的团队:民办学校初期的发展多是粗放、野蛮的,但是不能一直粗放野蛮下去;民办学校更不能走公办学校的老路,必须保持不断改进、创变的态势。在后来的发展中，无论是教师发展，还是课堂改进，景炎学校的目标始终都指向学校的发展，指向人的发展。

这两次重大的政策冲击，使范希娟更加清晰地确认了一点：民办学校的发展在政策不确定的背景下，唯一可确定的是自己。范希娟一直相信，老天总会眷顾那些执着的人。这不是"迷信"，而是"前瞻意识"。

范希娟将景炎的教职工当作自己的兄弟姐妹看待，她反复提醒自己和员工，不能"吃老本"，不要做井底之蛙。她个人更是"善学习"的典型，每个阶段她都敢于打碎自己，保持精进的生命状态。她说，不学习，一不小心就可能成为"旧世界里的人"。"学习力不够往往是因为缺乏学习需求，往往是因为没有尝到学习的甜头。"正是在这种氛围中，景炎人在不断缩小自己的信息盲区、认识盲区和能力盲区。

范希娟"非常有胜任力"

她的胜任力更为集中地体现在领导力上。领导力强的人往往有人格魅力，能和下属同甘共苦。范希娟在景炎内部具有绝对的领导力，这取决于她的威信和能力，她也因此被大家尊重。有人说，领导力本质上是感召与追随的关系。你能承担得起多大的责任，就有多少人愿意追随你，就意味着你能领导多少人。世界上最有力量的三个字就是"我愿意"。当年的株洲市二中英才为什么愿意追随，如此不离不弃？这就是信任的力量。

范希娟在带队伍过程中，始终以李云龙为师。虽早已过了追剧和追星的年龄，但《亮剑》这个电视剧却深深吸引了范希娟。她自己说："看了不下5遍。"她喜欢李云龙做人做事的风格，与李云龙一样，她对教师的"严"和对教师的"爱"一样浓烈而真诚。

范希娟"非常能激发人"

在范希娟眼中，景炎学校最大的财富当属稳定的教师队伍。从创校之初一路跟随的一批元老教师，更是整个教师团队行稳致远的压舱石。"她特能激发人，"与范希娟一起在景炎耕耘了20年的教师李晋每次谈到过去总是说，"是范校长激发了我。"

但是，这种激发不是靠语言就能完成的，这种激发是有基础的，背后有一个不断累积的过程。今天能否看到许多人斗志昂扬，能否看到一所学校广受赞誉，取决于领导者和他的团队一起并肩作战过多少个日日夜夜，取决于他们过去在多大程度上努力奋斗过。正是这样无数次被激发，景炎才在20年的发展过程中不断打开葱郁的华盖，亮出凌云的风采。

激发人是需要为团队谋得实惠的。范希娟在工作之外，更关注教师的职业幸福感，让教师体面而有尊严地生存。在董事会的支持下，景炎学校格外关注教师的三个指数，即健康指数、安全指数和魅力指数。

景炎20年的发展历程中有很多人在付出，但真正离不开的是范希娟一个人的"不放弃"。今天，景炎人早已确信，范希娟是景炎的福星，大家都坚信，景炎需要她这样敢担当并且能果断做出选择的人。有一种信任只能在彼此共渡难关之后才能产生，有一种"被激发"是因为这样的信任才会被传递。

除此之外，范希娟身上还表现出了诸多"非常之处"。

范希娟具有非常的"抗挫力"

长于忧患,是对景炎成长状态的精确描述。

在遭遇困难时,她总保持着不忧不惧的姿态;当风雨袭来,她从不退缩,总是迎难而上。正是在这样的艰难困境中,景炎创造了株洲民办教育的奇迹,范希娟赢得了团队的认可。

一位带头人必须能经得起难题和困境的考验。

从主持工作那天起,范希娟就一直在"救火",一直在奔走,一直在与不同部门的领导"相争"。2006年遭遇剥离之痛,没有场地,没有资金,学校面临着解体的危险。这是景炎学校遭遇的第一次重大危机。

问题总要一点一点地解决。范希娟不知道自己会把这所学校带向哪里,她只知道不能就此放弃。要给自己一个交代,也要给追随她的人一个交代。与那些经历的难处相比,她收获的信任和支持更多。

在最困难的时候,范希娟遇到了温州商人潘长海。这位被范希娟的深情打动的企业家最终用真金白银将景炎从困境中拖出。范希娟说:"景炎人永远不能忘记潘总的好。"

范希娟的人生字典里没有"困难"二字。尽管苦难始终与她的生活相伴,尽管她有时候也会因此而困扰。

在办公室里,范希娟讲述着景炎的发展史。谈到动情处,这位向来刚强的女校长会潸然泪下,难免让我们这些坐在她对面的倾听者也泪眼婆娑。

今天来看,过去的所有艰难,都只是过往的经历和今天的谈资。然而当时,不管遇到的困难多大,范希娟只能义无反顾地走下去。

曾有记者问到任正非，华为当前主要面临什么困难？任正非说："我们觉得除了困难，都是困难，没有不困难。"

是的，在范希娟看来，做难事才有所得。受范希娟的影响，在景炎人的叙述里，从没有失败；在景炎人的观念中，没有最好，只有更好。

范希娟对民办教育的鼓与呼"非常执着"

尽管对于困难，范希娟有足够的热情去攻克，但民办教育发展需要一个大的环境支持。客观地说，当前民办教育发展的大环境并不乐观。这些年经历了多次危机的考验，范希娟有着强烈的危机意识、忧患意识。这不是悲观，而是因长期遭遇突如其来的危机事件而养成的习惯。

范希娟是株洲市人大代表，她一直为民办教育发展发声。民办教育在发展过程中遭遇了很多冷漠和歧视。范希娟说："民办教育发展这么多年，有多少学校只是匆匆来过，如昙花一现，也许没有多少人会关心民办学校的沉浮兴衰。"

民办教育不只有鲜花和掌声，还有那些苦涩的梦与痛不能被遗忘。不少学校因为一次政策的骤变，从此退出历史舞台。一个政策可以成就一批学校，一个政策也可以让一批学校倒下。在政策多变的年代，民办学校的发展实属不易，迈出的每一步都伴随着不可预料的艰难，一不小心就可能跌进政策的深井，就可能被抛到历史之外。

范希娟"非常有野心"

受父亲的影响，在一线教学时，范希娟的目标是成为教学标兵，成为别人追赶的对象。

为学校寻找出路时，别人都不抱希望了，她却不甘心，不信邪，只身一人找市长，找到了"景炎的未来"。

办学之初，景炎用三年时间给学生家长一个大大的惊喜，株洲初中校冲出了一匹黑马，第一名的成绩证明了景炎的实力。但范希娟依然没放松要求，景炎在冠军的光环里也从未停止过奔跑。

始终保持奔跑的姿态，保护一个最优品牌18年来不被超越，的确是个传奇。在株洲，如果没有景炎，那些优质学校似乎就没有了可追赶的对象。

保持教学质量第一，保持教师素养第一，保持课程品质第一，保持改革性第一，这便是范希娟当下的野心。

2019年的新年献词中，范希娟这样说："教育没有避风港，我们也从来不喜欢避风港，我们热爱风口浪尖，我们乐于百舸争流，我们追逐潮涨潮落。"这是景炎人的豪迈宣言。

所有的卓尔不群，是因为野心使然；所有的精彩纷呈，不过是未雨绸缪。范希娟的"非常故事"更容易鼓舞那些敢于追求教育梦想的人。聆听范希娟的故事，除了唏嘘、感叹，还有触动、感佩、震撼。

因为走进，所以感佩！

因为记录，所以懂得！

而真正懂得并不容易，这本书只是一个开始。

03　用数字讲述传奇

景炎一直在上演着传奇。

从有第一届毕业生开始，学校连续18年中考成绩全市第一；从办学之初的4个班163名学生，发展到今天55个教学班，在校生3000多人。成为第一不难，一直保持第一才是艰巨的挑战。

2019年，景炎又有3名初三学生曹阅、陶欣宇、杨轲屹通过了西安交通大学少年班的重重考核，进入西安交通大学接受"预科—本科—硕士"一体化贯通培养。

据说，这一年全国有3000多人报名参加西安交通大学少年班初试，有485人进入复试，再经过面试、体能测试等环节，全国仅有130名考生获得录取资格。

西安交通大学少年班是全国目前仅有的两个大学少年班之一。1985年经教育部批准，西安交通大学在全国范围内招收少年班学生，目的是设立创新与素质教育改革试点，不拘一格地选拔智力超常的少年，实施个性化培养。少年班的学生只用8年的时间来完成本需10年才能完成的学业，最终取得硕士学位。

2005年景炎学校开始推荐学生参加西安交通大学少年班考试，2012年，景炎学校正式挂牌成为"西安交通大学少年班优秀生源基地校"。2015年12月25日，范希娟作为湖南省唯一的重点中学校长代表，在古都西安参加了西安交通大学少年班成立30周年纪念大会。截至目前已经有24名学生考取西安交通大学少年班。

景炎学校有这样一沓荣誉——

"以生本教育推进素质教育"重点课题实验学校、"全国青少年创新教育示范学校"、"西安交通大学少年班优秀生源基地校"、"湖南省民办教育特色实验学校"、"湖南省创新教育试点学校"、"湖南省中小学科技创新教育基地"……

景炎学校有这样一组数据——

连续18年中考成绩株洲市第一，2019年中考5A人数达396人，将近占全市中考5A人数的一半。截至目前，连续18届学生中考成绩笑傲群雄，各项指标蝉联市区第一；在数学、物理、化学、生物、信息等全国级竞赛中有3000余人次获一、二、三等奖；有152位毕业生考入清华、北大，有39人考取新加坡公费留学，27人考取西安交通大学少年班，20人成为中国人民解放军空军准飞行员。

景炎学校还有一组数据——

景炎男子篮球队获株洲市"三好杯"7连冠，还多次在国家级、省级比赛中获奖；景炎女子篮球队获株洲市"三好杯"4连冠，国家级比赛第三名；景炎男子足球队获省级比赛冠军1次；田径队连续两次荣获株洲市"三好杯"团体总分第一；景炎青春舞蹈团获华东赛区金奖1次，市级一等奖4次；景炎爱乐乐团获省级比赛一等奖1次，市级一等奖2次；梦想合唱团获省级一等奖1次，市合唱比赛一等奖3次。景炎的戏曲节目荣获省戏曲小梅花金奖1次；全国级书法比赛一等奖2人，二等奖4人，省级一等奖6人；创新发明成果获得国际金奖 2 项，省级一等奖 7 项，市级一等奖 20 多项。

景炎学校的师资如何呢？让我们再关注一组数字：

200 多名教职工全部具有本科学历，其中中级以上职称者占 90%；市学科带头人 15 人，市师资库成员 11 人，市骨干教师 12 人，市视导专家 9 人，市教育局教师培训讲师团成员 15 人，全国教学竞赛一等奖 30 人，省教学竞赛一等奖 58 人；1500 余篇论文获国家级、省级、市级奖励。

如果说景炎的传奇是因为这个团队，那么这个团队的传奇是因为有一位值得他们信赖的"非常校长"。

《湖南日报》记者周怀立曾在一篇报道中追问，当获奖成为常态，当夸赞变得普遍，便有更多的人延伸自己的好奇，在心中一遍遍地设问：是谁创造了奇迹，是什么成就了景炎，花儿为什么这样红？

这同样是我们的疑问。

第一章 衍变

故事开始的地方,往往荆棘丛生。当景炎与初担大任的范希娟遭遇危机,他们便绑在了一起,一荣俱荣,一损俱损。当选择成了他人的一道难题,范希娟却以"虽万千人吾往矣"的姿态,迎难而上……

04　景炎诞生记

景炎的出生年份是 1999 年。这是一个值得铭记的年份。

这一年，离开祖国怀抱百年的澳门回归，这是举国欢庆的大事件；这一年，在教育领域，中共中央办公厅颁布了《中共中央国务院关于深化教育改革全面推进素质教育的决定》，这让素质教育改革的大幕正式拉开；与此同时，这一年 6 月召开的全国教育工作会议更是明确提出了要大力发展民办教育，并决定在"十五"期间，要基本形成以政府办学为主体，公办学校与民办学校共同发展的教育格局。

与这些大事件一起发生的还有发生在湖南株洲的一个"小事件"。这一年，由株洲市二中控股创办的国有民办初中——景炎学校正式诞生。一栋教学楼，17 位教师，4 个教学班，163 名学生，这可能是当时株洲城内最小的学校了。

这便是景炎 20 年故事的开头。

创办于 1955 年的株洲市二中，是株洲当地的一所老牌名校，是湖南省首批国家级示范性普通高级中学。它曾创造湖南省基础教育的多个"第一"：新中国成立后株洲市创办的第一所高中，1957 年株洲市唯一的省重点中学，1989 年湖南省首批验收挂牌的六所实验中学之一，1992 年湖南省首批验收挂牌的八所重点中学之一……

景炎学校作为株洲市二中创办的一所民办学校，是湖南省较早探索创办的国有民办股份制学校。

名校办民校在中国民办教育的整个生态体系中是一个特殊的现象。

那是一个时代的产物。其历史大概可以追溯到20世纪90年代初期。较早探索这一办学形式的是北京十一学校。

据有关资料显示，1992年5月，北京十一学校时任校长李金初在全国率先提出了公办学校的"五自主"办学体制改革新思路，即"自主筹集日常办学经费、自主招生、自主用人、自主工资分配、自主教育教学实验改革"。后来李金初将这一改革思路进一步概括为"学校国有、校长承办、经费自筹、办学自主"，简称"国有民办"。

1995年3月，北京市海淀区教工委、教委正式批准北京十一学校的体制改革实验方案。1996年4月，北京十一学校又被批准为北京市办学体制改革试点校。自此，国有民办制开始正式运行。

一时间，全国各地"名校办民校"成为缓解优质教育不足、破解"择校难"的一剂处方。不少名校纷纷以"公办民助"或"民办公助"的形式创办民校。其中，有不少学校是以"校中校"的形态出现的。

1999年，由株洲市二中控股创办的景炎学校就是在这种背景下应运而生的。

这一年，37岁的范希娟是株洲市二中的年级组长，凭借出色的业务水平和管理能力，成为学校重点培养的后备干部。有一天，党委领导找她谈话，希望她去新建的景炎学校工作，担任学校的教务主任，半年后，担任分管教学的副校长。

一向喜欢挑战未知生活的范希娟,没有辜负组织的信任,成了株洲市二中第一个敢吃螃蟹的人。越是未知的生活,就越愿意去尝试和挑战,这是范希娟一贯的行事风格。在她看来,景炎学校是一个新生事物,在那里可能更有自己施展才华的空间。当时,范希娟向时任二中校长熊光亚提了一个条件:"要我过去可以,但必须带团队一起去。"思虑半晌,熊校长点头同意。

这一年8月,经教育主管部门批准,株洲景炎实验中学(后改名为景炎学校)正式成立,即将退休的特级教师、株洲市二中时任副校长袁楚湘兼任景炎实验中学第一任校长。

建新校的第一件事是组建教师团队。所谓组建团队就是从二中教师队伍中挑选一批愿意加盟景炎的教师。"只有找到一群志同道合的人一起干事,才有可能真正打开局面。"这一任务自然就落在了范希娟身上。

说服端着"金饭碗"的教师到一个前途未卜、充满种种变数的新平台,并不是一件容易的事。范希娟找到自己年级组的几位年轻教师,苦口婆心一个一个地游说。范希娟的确有她的魅力,大家被她的真诚和她对未来愿景的描绘打动,最终有9名同事追随她一起加盟了景炎。

后来,学校又面向社会公开招聘了一批教师,一个由17名教师组成的景炎团队正式建立。自此,校长袁楚湘和范希娟一起带着这17位年轻老师,开始了在景炎的办学之路。

历史总是惊人的相似。1999年,马云35岁。这一年的2月20日,在杭州一个叫湖畔花园的小区,马云召集17个人,开了阿里巴巴历史上著名的动员大会。

大家席地而坐，马云站在中间，讲了整整两个小时："从现在起，我们要做一件伟大的事情，打造全世界最牛的电子商务公司……"马云连同这17个人，后来被称为"阿里18罗汉"。

就像当初没有人知道马云将创造一个商业奇迹一样，当时也没有人知道景炎团队能够缔造一个"株洲的教育奇迹"。

1999年在中国大地上还发生了很多事情。这一年《南方周末》刊发的新年献词曾风靡网络。献词中的两句话似乎是对景炎团队精神的诠释："总有一种力量让我们泪流满面，总有一种力量让我们抖擞精神……"

教师团队建立了，接下来就是招生。尽管景炎背后有株洲市二中的光环，但它毕竟是一所新建的学校，没有多少人愿意将孩子送到一个"没有看见过结果"的学校。

所以，范希娟就带领老师们到处宣传。她曾一个人跑到小学门口发放宣传单，范希娟说，"那个时候没少遭受别人的白眼"。功夫不负有心人，招生考试当天，来了不少学生和家长。

最终景炎招收了4个班，163名学生。对于一所新建的民办学校来说，这是一个不错的开始。

说是一所学校，其实景炎只有一栋简陋的教学楼，开学时一些设施也没有到位。范希娟与老师们一起，肩挑手提，彻夜劳动，将教室卫生打扫得干干净净，搬入课桌等物品，迎接新生开学。学生住宿条件不完善，她和老师们就提着开水壶，每天往学生寝室送开水，温情体贴。

范希娟心无旁骛，一门心思琢磨着如何带好这支团队，如何把这批学生教好。"三年后我们要在株洲放一颗卫星出来！"她经常这样鼓励她的团队。

理想丰满的时候，现实有时候也并不骨感。尽管大家都对未来充满期待，但没有人会想到，这163名学习成绩良莠不齐的学生，会成为一所名校的起点。3年后，默默无闻的景炎学校一炮打响，学生中考优秀率50.51%，合格率97.47%，人均总分、优秀率、合格率在全市44所初级中学中高居第一，98人被二中公费录取，创造了当地初中教学的奇迹。

然而，甜蜜的日子没有长久持续。6年后，景炎学校的发展遭遇了来自国家政策变化带来的生存危机——要求景炎学校与母体学校彻底脱离。

突如其来的剥离政策，让包括范希娟在内的整个领导层猝不及防。景炎学校陷入了发展中的第一次危机，学校突然成了一个无家可归的弃儿。

没有人知道景炎到底该何去何从。

05 优秀文化的传承

20年筚路蓝缕,玉汝于成,景炎学校在株洲教育领域,一路高歌猛进,以至于每到招生季景炎都受到众多家长和学生的特别关注。20年风雨相和,酸甜交融,岁月镌刻了株洲父老乡亲对景炎品牌的呵护与认可,也沉淀出了景炎人对教育的情愫与认识。

作为名校株洲市二中创办的民办学校,景炎之所以能快速起步,很大程度上是"沾了二中的光"。范希娟心里很清楚,景炎是站在二中这个巨人肩膀上发展起来的。

景炎的功劳簿上,一定有株洲市二中重重的一笔。从株洲市二中走出来的范希娟,显然对二中作为母体学校给景炎带来的无形优势有着非常真切的感受。

景炎在办学之初充分利用了"母体学校"的优势资源。在范希娟看来,主要体现在三个方面——

一是体制输出的创新。

景炎传承了株洲市二中规范有效的管理体制,在此基础上,推陈出新。基于民办教育的发展规律,引进二中的常规管理体制,并大胆创新改革,从而形成了特色鲜明的景炎管理体制。

二是人才输出的创新。

景炎创办之初，株洲市二中在人力资源等方面给予了大力支持。一些思想开放、敢于担当的老师跟随范希娟来到景炎。景炎大力借鉴二中的教师培养模式，又立足校情，不断探索，形成了自己独特的教师培养模式。

三是课程文化输出的创新。

株洲市二中经过多年的摸索，形成了自己特有的课程文化体系。刚开始，景炎的课程体系基本沿袭了株洲市二中的结构，在实践中，基于满足学生的需求，又不断优化，形成了独具景炎特色的课程体系。

在株洲众多的学校中，株洲市二中有着独特的文化。株洲市二中曾在湖南省率先实行40分钟课时改革，把课外活动课有目的、有计划地列入课表；率先开设劳技教育、信息技术、创新教育、研究性学习、综合实践等课程；在全省率先推行结构工资制和教师聘任制。这些都引起同行的关注。

2000年10月，张辉担任株洲市二中党委书记兼校长，在学校原来的发展基础上他提出了"一切为了让学生更富有，让学生更聪明，让学生更高尚，让学生更健美"的办学理念，这个理念既包含了素质教育的全部内涵，又符合德、智、体、美全面发展的教育方针的要求，同时体现了现代教育必须着眼于学生的终身发展的人本精神。

这一时期，株洲市二中的创新发明项目已发展成为"创新教育"，从学校成立科技发明小组，到将创新教育课与劳技教育课相结合纳入课表，在校园内出现了一批充满活力的小发明家。至2000年，株洲市二中共有131项小发明家成果在国际国内获奖，被海内外30多家新闻媒体誉为"小发明家的摇篮"。从此，创新教育成为株洲市二中的一面旗帜。

景炎正是站在这样的巨人肩膀上出发的。从调9位教师进入景炎，到办学理念和管理制度的移植，再到新制度、新文化的建构，从出生那天，景炎就携带着优秀的基因：改革、创新和不同凡响。

"景炎的确继承了二中的很多优良传统，比如指向素质教育的各类活动的广泛开展，比如每年进行的骨干教师和青年教师赛课，比如后勤服务的细节管理，等等，都是对二中文化的延续。"范希娟说。

关于名校办民校，范希娟曾专门做过一项课题。课题报告指出，民校通过传承与创新名校组织文化、制度文化、课程文化、环境文化，可以更好地重构具有民办学校特色的组织文化、制度文化、课程文化、环境文化，实现由优质教育向更高、更美理想教育的转变。

景炎学校就是这样，吸收、转移、整合、重组名校株洲市二中的资源来匹配自身环境的变化，在教师录用上，景炎摈弃了公办学校的僵化机制，建立了以青年教师选用培养为主体、学科骨干优先引进为核心的录用机制，教师队伍结构更进一步趋向合理，生机活力得到加强；在教师保障上，吸收了名校做法，根据民办学校特点，整合了各项劳动保障机制，建立了养老、医疗、失业、工伤、生育、住房完整的"五险一金"保障体系。

人们常说，背靠大树好乘凉。但是，范希娟却始终提醒整个团队，要警惕这种优越感。她曾说："我们是名校办的民校，这样我们就是好学校了吗？就能发展得好吗？答案是：不一定。我们景炎人要干出业绩来，展现出不一样的精神来。"

那么，景炎后来发展得怎样？尤其是与母体学校"断奶"，失去株洲市二中的庇护后，景炎的发展还会如范希娟预期的那样美好吗？

06 我们一起上船

"我们一起上船,一起下船,我绝不会丢下大家。"

20年过去了,范希娟和与她一起打拼的景炎元老们对这句话仍记忆犹新。

范希娟说这句话时很真诚,很动情,也很豪迈。一干年轻教师选择加盟景炎无疑是拿自己的未来做赌注。这样说一点也不夸张。

株洲市二中,这所湖南的老牌名校,在当地享有盛誉。至少在株洲地区,能进入这所学校教书,手捧名校"金饭碗",无疑是令人羡慕的。

范希娟是这群"令人羡慕"的人中极勤恳负责的一员,从普通教师做起,她在这所学校一路"升级打怪",逐渐成长为名师、名班主任,最终当上了年级主任。在许多人眼中,范希娟已经取得了不小的成就。

那时谁也没有想到,37岁的她会在自己人生的上升期,做出一个大胆而令人不解的选择。

20世纪90年代初,由于优质教育资源短缺,一些城市出现了重点学校供不应求的现象,不少人纷纷找关系、"走后门"上热门学校。与此同时,教育投入严重不足,无力满足扩大优质教育资源和改善学校薄弱局面的需求。作为株洲市的"龙头学校",趁着"名校办民校"这股浪潮，株洲市二中也开启了新的尝试，计划开办一所民办中学，他们将这所学校命名为"景炎"。

办一所新学校谈何容易？一没有足够的资金，二没有师资队伍。这是当年景炎学校初创时面临的困境。

景炎学校的首任校长袁楚湘认为，可以从株洲市二中调配一批优秀教师到景炎学校任教，这样就能在很大程度上解决师资的问题，至于硬件问题，则可以慢慢解决。

原本以为，这并不是什么难题，一定会有不少人像范希娟一样主动加盟。但出乎意料的是，不少教师对民办性质的学校这一"新鲜事物"并不理解，更谈不上认同和支持。结果可想而知，大多数教师"不愿意去"，或者压根"不敢去"——万一失败了怎么办？好好地当二中教师，过衣食无忧的生活，不是很舒适吗？干吗要去折腾？这成了不少人的顾虑。

在大多数人心存顾虑之时，范希娟接受了组织的委派，第一个响应号召选择了景炎。多年以后，回忆起当时的选择，范希娟依然佩服自己的胆识。马云曾说，很多人一生输就输在对待新兴事物的态度上，一是，"看不见"，二是，"看不起"，三是，"看不懂"，四是，"来不及"。不可否认，正是因为骨子里有一股敢闯敢干的劲，再加上思维独特、视野开阔，范希娟才"看见"了一条不一样的人生之路。

"到民办学校去可以有所为，有为才有位。"就这样，范希娟秉着这一信念，执意来到了景炎学校。

"你当时选择景炎真的没有顾虑吗？"

"要说一点顾虑没有那是骗人的。只是我觉得新平台值得去尝试一下，更何况当时凡是到景炎学校工作的教师每个月还给增加400元工资。"

"当然，我绝不是盲目选择，我也了解了一下相关政策，我觉得民办学校将有极大的发展空间。"

当别人问起范希娟当年的选择时，她这样回答。

但范希娟也深知，光靠她一人断难支撑起一所学校的发展。自己坚定了选择，范希娟便开始一个一个地游说跟她一起工作的那些年轻同事，从国家宏观战略讲到个人前途发展，她不厌其烦地给年轻的同事描绘民办教育的发展前景。

范希娟说："尝试走进新的生活才可能给几乎已经定格的人生带来新的机会。"

一些刚刚参加工作的同事开始心动："这个……真的能行吗？"

"能行！"范希娟坚信民办教育将成为"明日之星"，她最后的那句话，终于触动了一些有想法的人，"我们一起上船、一起下船，我绝不会丢下大家。"

正是因为这番推心置腹的长谈，罗希来了，刘坚华来了，卓志龙来了，李晋来了……最终有9位株洲市二中的教师加盟"景炎"这所完全从零开始的学校。

等待他们的是什么，他们并不知道。但跟随范希娟工作几年后，他们逐渐明白，范希娟绝对是值得他们信赖的人。他们相信，追随这位大姐不会错，哪怕没有人可以给他们一个确定的未来——因为人对了，事就错不了。

范希娟也很欣慰能与这批老同事再次并肩战斗，她开玩笑说：你们怕死吗？大家回复：既然来了，"生死"便已置之度外。

07　景炎开头事事难

景炎学校给了范希娟一片可以恣意生长的天空。

但万事开头难，并且有一种难是你无法预设，也未曾有过经验的难。

真正开启一项全新的事业并没有想象中那么浪漫和唯美。从说服自己的同事加盟景炎到招聘新教师，景炎的教师团队正式组建了。随之而来的还有一系列千头万绪的工作。但是，最牵动大家神经的还是招生。

这的确是一件极具挑战性的工作。在株洲，景炎学校是当时第一所公办学校办的国有民办学校，没有现成的经验可遵循。这些一直在公办学校工作的教师哪里干过这种事情。过去都是只管教书的事，坐等学生来报名，现在却需要走街串巷，到各大社区去，到最偏远的乡村去。范希娟充当了招生的急先锋。"再伟大的雄心，找不到生源，没有学生可教，都是徒劳无益的。"范希娟说。

于是，在那段日子里，各小学的校门口成了她主要守候的战场，贴广告，发宣传页，是她的主要工作。有时候难免遭受门卫或校长的冷眼，这一点，老公王力行是见证者。谈起当年的招生，王力行说，那段时间范希娟每天带着老师到炎帝广场，摆一张桌子进行招生宣传，她还深入各县区进行招生。按照范希娟的说法，当时，株洲市的各个小学她都走了一遍。但是，一周"颗粒无收"，一个学生也没招到。

范希娟总觉得这样的招生思路不对。她乘坐出租车时，与出租车司机交谈，发现竟然没有人知道景炎学校在哪里。

范希娟萌生了一个新点子，她计划请一位外教到各个小学搞送教活动。活动方案很快便做好了，一些小学校长一听说有外教来给孩子们上课，都很乐意。这一活动迅速让当地的小学校长、教师和学生知道了景炎。

景炎当时最大的优势就是背靠株洲市二中这棵大树，并且整个团队有极大的创业热情。在范希娟看来，热情是做事成功最重要的资本。就这样，经过各方努力，第一年最终招收了163名学生。这群学生成了景炎教师眼中"最可爱的人"。

时间很快到了开学季。第二天就要开学了，但是学校教学楼内还是一片狼藉，到处都是建筑垃圾。8月30日晚上，范希娟一干人开始打扫卫生，整整搞了一个晚上，至今想起来范希娟都感动于当时老师们的干劲。

9月1日，学校正式开学，并顺利举行了开学典礼。

好不容易将教学工作安排妥当了才发现，还存在很多问题。学生喝不上开水，范希娟就带领老师每天给学生送水喝；学生宿舍的门关不上，男教师就主动维修；一些住宿生生活不能自理，老师们就亲自照顾，现在的常务副校长罗希当时是班主任，曾手把手地教学生洗澡。"受当时条件所限，我们从没有请过工人，凡事都是亲自上。"范希娟说。

亲近、和谐的师生关系是最大的教学生产力。学期末市里组织统考，景炎的成绩超过全市平均分20多分。那年寒假慕名前来插班的学生就有40多名。

第二年的招生计划是300人，尽管学校的教学质量不错，但没有中招成绩的印证，大多数家长依然不买账。经过各方宣传动员，最终报名的学生也只有300多人。那时候招生是可以搞测试的，范希娟就琢磨着策划一场特别的招生考试。

范希娟这一次唱起了"空城计"，学校对外宣布报名景炎的学生有1000多人，依然将考场安排在每一层教学楼，制造了招生火爆的场景。当天，学校还将前来陪考的家长组织在一起，然后请一些铁杆学生家长来宣传学校的优点。家长们都感到很紧张，生怕自己的孩子不能录取。

考完的当天晚上就公布了录取结果，录取人数为300名。"其实，报名的学生我们基本上都录取了。但是，我们故意发布了没被录取学生的长长的名单。"

范希娟很好地使用了商家常用的"饥饿销售心理"，制造了一种景炎一位难求的效应。景炎创办之初，并不被外人熟悉。怎么来推动学校宣传，让更多的人接受景炎，又是学校面临的一大难题。2002年，景炎学生钱龙在公交车上制止小偷行窃，遭到小偷的疯狂报复，被打伤住进医院。范希娟知道后，第一时间赶到医院看望钱龙，同时，她敏锐地捕捉到了契机，主动联系当地新闻媒体，对钱龙的英勇事迹进行了全方位的报道。在学校内部召开了钱龙见义勇为表彰大会，市政府、市教育局等相关部门领导集体出席。围绕"钱龙事件"，学校既弘扬了满满的社会正能量，也让更多的人了解了景炎，同时范希娟也从中认识到学校的软文化宣传比硬广告效果更好。

建校伊始，硬件设施配备还不齐全。当时收取的建校费是8000元，收费高，但是学校条件却很简陋。为了赢得家长的认可，学校就想着法子来展示独特的内涵和服务。

开学不久学校专门搞了一次家长开放日，让家长走进课堂、食堂、宿舍，体验孩子的在校学习与生活。那时候，家长进校园在株洲很少见，家校互动基本没有。如何让家长真切地感受到景炎的与众不同呢？范希娟经过深入思考，提出在景炎设立家长开放日，课堂、食堂、学生宿舍等学校的一切空间向家长全方位开放，家长可以自由参观。参观的家长感慨颇多："想不到今天我能自由地走进课堂，看老师上课，看孩子上课的状态，了解学校食堂饮食，眼见为实，把小孩放在景炎，我心里真的很踏实！"

这样充满创意的活动还包括影响全城的"绿园之夜"活动。

2001年是景炎办学的第三年。这一年，当中招成绩揭晓的时候，整个景炎团队沸腾了——他们创造了"低进高出"的奇迹。一时间，景炎的名字被热议。范希娟想抓住这个契机将景炎品牌的知名度进一步扩大。于是，她精心策划了一场特别有意思的活动——"绿园之夜"。

景炎学校刚成立，学校就引进了外籍教师。进入新世纪后，有少数民办学校也引进了外教，但相对来说比较分散。如何充分地利用这些难得的教育资源，把他们整合起来，更好地为教育服务，是摆在范希娟面前的又一个问题。经过周密筹划，她想到了举办联谊活动的好点子，接下来，由景炎学校主办，邀请全市外籍工作者参与的"绿园之夜"联谊活动在株洲绿园大酒店举办。

这是株洲有史以来由外籍工作者参加的规模最大的"Party"。那一天来了很多人,并且都是株洲当地的高端人士。景炎的名字通过这次活动再一次被传播。

当初,范希娟提出活动设想时,有人说,这样的活动意义不大,浪费人力、物力。但范希娟坚定地说:"景炎必须以开放的心态办教育,活动的意义既在于整合外教资源,更是利用这个平台把景炎的办学理念、组织能力等亮给社会,它的价值远远大于活动本身。"事实也证明,依托优良的中考成绩,以及一系列的宣传活动,景炎学校声名鹊起,赢得了社会越来越多的关注。

范希娟至今回想起来,都很佩服自己当时的市场意识。

景炎发展到第三年,学校一下子招了900多人,并且优质生源越来越多,很快便实现了从"招生难"到"挤破头"的华丽转身。

08 当教师第一次被扣钱

范希娟选择到景炎学校工作,除了她个人喜欢挑战未知事物外,其实还与当年公办学校难以解决的痛点有关。

传统的"大锅饭"分配机制导致人浮于事的现象普遍存在,打击了不少愿意干活的教师的积极性;统一的制度设计让学校在课程改革、教师成长等方面受限制,想干事的人难以放开手脚;过分追求升学率又导致学校的大部分活动都与成绩挂钩,抹杀了孩子成长的天性……

身在公办学校十多年的范希娟早已察觉到这一点,由于公办体制巨大的惯性作用,公办学校的这些问题很难在朝夕之间得到解决,也绝非能够凭借个人之力"力挽狂澜"。但民办学校不一样,其机制灵活,可以巧妙地避开公办学校的"雷区"。范希娟正是看到了这一点,才坚定了信心。

在她看来,机制是一把双刃剑,办好民办学校一定要有机制逻辑,用好了可以一往无前,用不好则会弄巧成拙。"民办学校不能单纯拷贝公办学校的管理体系,如果不能利用机制来激活学校,学校是没有生命力的。不把机制用到极致的民办学校走不远。"范希娟这样告诫自己和团队的成员。

2000年初,范希娟正式成为景炎学校的副校长。在校长的授意下，她开始"建章立制"。范希娟创设了景炎学校常规教学"ABC管理办法"。

"由学生对教师进行评价,学生就是'客户','客户'满意就表示教学有成果,反之就说明教学出了问题。"范希娟说。

起初这一制度出炉时,一些从公办学校过来的教师窃窃私语:会不会跟之前一样,雷声大雨点小呢?但接下来发生的事,让他们意识到:这一回是"动真格"了!

第一轮评定下来,有一位老师被学生评为最低等级——C。按照条例规定,要从当月工资中扣除一部分作为对他的惩罚。

尽管该老师并不否认学生对自己的评价结果,但涉及个人经济利益,他来回就一句话:什么处置方案都行,反正不可以扣钱!为此,他还与范希娟大吵了一架。

范希娟则耐心地给他解释:学校规章制度是刚性的,对每个人都很公平,从管理的角度而言我必须这样去做!请你理解。讲完"大道理",范希娟又安抚他:这个月有问题不代表下个月也如此。评价是为了促进发展,学校是不会用老眼光看人的……

遗憾的是,这位老师并不"买账",他还是气呼呼地拂袖而去,接下来开启了跟范希娟一个月的"冷战"。

身为管理者,范希娟知道自己不能与教师置气。她每次见到那位老师都主动打招呼问好,哪怕换来的只是对方的不理不睬。第二个月,该老师的各项指标都有了提升,范希娟抓住机会"放大"他的成绩,在大会小会上一遍遍地表扬他,终于在各种"软硬兼施"的措施之下,该老师的心被软化了,他重新接纳了范希娟,也理解了学校的管理制度。

有了那位老师的先例，管理制度的实施再也没人抗拒了。"制度的制定要民主，但是一旦确定下来必须不折不扣地严格执行。"范希娟强调了"严格执行"的重要性。

在范希娟看来，管理一所学校需要借鉴先贤的智慧——同时兼具法家的"严"与"公"和儒家的"仁"与"宽"。

"制度面前人人平等，一旦形成方案就要强制实施。它可能并不完美，有需要改善的地方，但在新的制度出台之前，一切都要按照老办法来。"范希娟说，制度高于一切，这是民办学校发展的一条铁律。

与此同时，光有冷冰冰的制度之"严"也不行，还要让教师感受到学校的温暖。正如范希娟所说，要学会关心、关爱教师，走进他们的内心世界，让他们感觉到被尊重、被理解。

学校一位姓肖的教师有一天忽然提出了辞职。范希娟很疑惑，不知发生了什么事。经私下了解才知道，肖老师的爱人患了肝癌需要住院，她不想再工作，希望当一个全职太太去照顾家人。

范希娟悄悄对学校其他几个领导说，像这样家里有困难的老师，我们要全力帮助。学校立马安排给肖老师2万元爱心款，帮助她渡过眼前的难关，同时继续保留肖老师在景炎的教师岗位。肖老师感激不尽地对范希娟说：谢谢校长，从今以后，我到哪里都是景炎人！

在新老师入住单身宿舍时，范希娟会送去生活必需品，细心到让人钉好保障安全的门闩；老师泣告其父病逝时，她会立即半夜前往安慰；在女老师临盆忙乱时，她迅速到场进行周到的安排；在老师的妻子生病住院时，她安排学校的小车作为陪护专车；在员工发生思想波动时,她"润物细无声"地解决矛盾和问题;在新生入校时,她会找多位学生与他们面对面地谈话交流。

当严则严,当仁则仁。

宽严相济的灵活管理方式,打破了以往公办学校的程式化管理方式,也让景炎学校逐渐成长为一所规范化、人性化的民办学校。

第二章 裂变

初渡难关的景炎,从此与"范希娟"这三个字唇齿相依。困难仍然接踵而至,危机并未远离。所幸这一时期,范希娟不仅迎来了生命中的"贵人",更在一系列变革中,迎来景炎的"辉煌前夜"。

09　剥离之痛

景炎的故事有一个很"燃"的开头。

一群人满怀对未来的憧憬,带着干事创业的热情便开干了,并且第一届毕业生一炮打响,中招成绩在全市排名第一,且平均分数遥遥领先。这远远地超出了包括范希娟在内的所有景炎人的预期。

那时候,景炎人热情高涨,信心满怀,都在畅想着可触摸的未来。只是没有人能预料到,一场突如其来的政策变动,将所有的人卷进了旋涡。

2006年3月,湖南省教育厅出台了《共享公办高中资源的民办学校停止初中招生实施办法》,文件要求公办省示范性高中学校不得举办民办学校,全省民办学校与名校实现"四独立一分离",即具有独立的法人资格,具有与公办学校相分离的校园和基本的教学设施,实行独立的财务会计制度,独立招生,独立颁发学业证书,要做到彻底脱钩。

景炎学校是株洲市二中控股举办的一所民办学校,是典型的"名校办民校",属于文件中的整顿对象。

这一文件的出台,无疑给了景炎学校当头一击。剥离意味着什么?对学校而言,意味着要脱离母体,完全独立出去,另择校园;对于那些聘任的教师而言，则意味着要另找"饭碗"。

消息传来，举校震惊。教师们不知所措，有人开始打起了"退堂鼓"。副校长范希娟更是忧心如焚：如果留下老师，前途未卜；如果老师都选择离开，学校就彻底完了。有人心想，大不了一关了之。可范希娟不这么想，一件美的东西被砸碎，让人心痛不已。

范希娟陷入了难以消解的焦虑之中。如果景炎搬离二中，没有了教师怎么办？重新招聘，师资水平难以保证。如果搬离二中校园，仓促之间能搬到哪儿去？

显然，范希娟所遭遇的不是一个难题，而是无数个难题。

让范希娟最割舍不下的是，景炎学校已经打出了品牌，此时的景炎学校已成为株洲初中教育的优质教育资源。一组简单的数据足以说明：2005 年，景炎学校中考人均总分、合格率、优秀率均居全市第一名；曹可考取西安交通大学少年班，王嘉憨等 4 位同学考入新加坡国家初级学院公费留学；数理化生信息竞赛 46 人获全国奖……

如果停止招生，家长们也不会答应，可能会引发更大的不可知的"社会事件"。学校解散了，造成巨大的资源浪费。

政策面前，人们通常会陷入潜意识的深井，会觉得个体的反抗是螳臂当车，不自量力，只能是没有结果的努力。

而景炎学校内部还面临着更棘手的问题：一方面，老师要外出找工作；另一方面，学生面临即将到来的中考。面对两难的选择，范希娟毅然决定，召开初三年级教师大会，实话实说。

4 月 30 日，对范希娟来说，是一个注定要铭刻在心的日子。这一天，她召集初三全体教师开会，在会上她开门见山："我知道大家都要抽时间寻找工作出路，而学生又面临中考，两件事实在难以两全。今天，我将选择权交给大家，愿意留下陪学生参加中考的请举手，不愿意的可以不举手。"话毕，会场里是短暂的沉默。很快，一只手，两只手，三只手……老师们无一例外地选择了"陪学生"。

这样的结果，范希娟也没有想到。

陪伴是最长情的告白。也正是从那一刻起，范希娟第一次非常清晰地感受到了一种"景炎精神"。这是催生景炎精神的一次关键事件。至今在范希娟的办公室里还挂着那一年全体教师的集体合影。

"真的是情不自禁，当时我的眼泪哗地就流下来了。"谈起这件事，范希娟的眼睛又一次湿润了。她说，那一瞬间，她就坚定了一个信念："学校无论如何不能关门。"

那一天，范希娟即兴讲了很多，其中几句话，景炎的元老们至今记忆犹新："我爱景炎，我爱你们每一个人，如果景炎不办了，我一定是留到最后的人。"

"为什么？我的确被这些老师高尚的师德感动了。你想想，他们自己前途未卜，还把学生放在第一位，我怎能不被感动？我当时就坚定了一个信念，为了这么好的老师，我不能让景炎就这么垮了。尽管，我也不知道出路在哪里。"范希娟说。

从那一天起，范希娟便踏上了一条景炎学校的"救亡"之路。

人留下了，地方去哪里找？这是悬挂在范希娟头上的第二大难题。

为了挽回生存的机会，范希娟带领学校领导班子多方奔走，在不断碰壁中寻找景炎的生存之路。范希娟个人也每天在各级政府部门之间奔走呼吁，但是，始终没有出现转机的迹象。范希娟面前的难题放到教育局领导面前同样是难题。范希娟想到了去找市长。

想见市长当面汇报并不是一件容易的事,她几次托人都未能如愿。

有时候奇迹就发生在不经意的努力间。有一天,在市教育局办公大楼的电梯间她与分管教育的副市长不期而遇,机会难得,一向善于沟通的范希娟便主动上前自我介绍,一边汇报,将自己的苦恼和想法一股脑地倒了出来,一边将手中提前准备好的一封信交给了副市长。

副市长的关注是送给处在危难之际的景炎最好的礼物。在副市长的协调下,景炎找到了一处落脚点,政府将闲置的原株洲市第十七中学校园,租给景炎学校作为过渡校园。

10多年以后,范希娟依然难忘那次在电梯间与副市长的邂逅。一向幽默的范希娟将这封信称为决定景炎生与死的"鸡毛信"。

2006年5月,株洲市人民政府签署《关于株洲市二中贯彻省教育厅〈共享公办高中资源的民办学校停止初中招生的实施办法〉有关问题的函》,明确由株洲市教育投资公司担任株洲景炎学校的投资主体,以教育布局调整中闲置的原株洲市第十七中学校园为景炎学校过渡校园。

原株洲市第十七中学校园面积33亩,是一所完全中学,具备容纳50余个教学班的教学场地,完全能满足景炎学校过渡期的需要。在市政府和市教育局关心下,学校生存的问题得到圆满解决。根据省教育厅的政策,景炎学校由市教投公司控股兴办,景炎学校由此实现了"独立校名、独立校园、独立教师队伍、独立管理"的"四独立",标志着景炎学校成功实现与株洲市二中的剥离。

至此,景炎学校才得以勉强"逃过一劫"。范希娟和学校领导班子也稍稍缓了一口气。但是,过渡期之后的景炎,将何去何从?

不只是师资队伍与教学场地，"断奶"后的民办学校还面临着学校特色建设、校舍改造、内涵发展、资金链的稳定等诸多问题，如何解决？

前路茫茫，依旧是"山重水复"。留给范希娟和她的团队的，依旧是一个亟待攻克的难题。

10　结缘温州商人潘长海

无家可归的景炎终于在曾经的株洲第十七中学找到了一个栖身之所。尽管这里场地狭小,设施破旧,整个校园一片荒芜,那番景象看起来的确有一种废墟感,但这已经是景炎当时最好的归宿了。

那段时间,范希娟带领教师们通宵达旦重新整理校园,让家长发出"一夜变了样"的惊叹。尽管如此,依然有部分家长无法接受硬件的落后。范希娟清楚地记得,一位家长给学生报完名来到学校考察,看到硬件条件如此之差,立马要求退钱。家长心里不是滋味:堂堂的景炎学校,怎么在这么个地方办学?

让范希娟犯难的是,从哪里筹集资金来改造校园呢?她一次次把自己关在办公室里来回踱步,希望想出一个解决方案。骨子里的执着让她这些年来一直坚持一个原则,想要做成一件事必须全力以赴,只要有了想法,就要去实现它。

那段日子,她几乎逢人便一遍遍讲述景炎的前景与目前的困难,还有她希望得到的帮助。许是时机未到,生命中的那个"贵人"一直迟迟未能出现。

有时候真的是有心种花花不开,无心插柳柳成荫。比如,与温州商人潘长海的邂逅。

有一天，海华集团的副总来到景炎学校咨询孩子上学的事情。范希娟了解到，海华集团董事长乃当地大名鼎鼎的企业家、株洲市温州商会会长潘长海。

潘长海，这个来自浙江温州的商人，在株洲奋斗多年，是"金利来"皮具系列产品商标在中国大陆的使用权人，著名品牌"皮尔卡丹"的收购人之一，还是卡丹路、皇冠、宾度、艾维基等国际品牌的代理人。他投资两个多亿兴建的株洲芦淞"中国城"服装市场，是株洲最早、最著名的服饰品牌市场。

范希娟自然知道潘长海的能量，她脑海里闪过的第一个念头就是，潘总有没有可能入资景炎呢？尽管之前与潘长海没有任何交往，但范希娟不想放过任何一个机会，她借着这个时机对这位副总说：你看，有这么个事情，不知道你们潘总是否感兴趣……

听完范希娟的介绍，这位副总说，潘总目前倒是有意愿投资医院。范希娟赶紧在旁劝说他，如今医院建设需要投入大量高科技设备，耗资巨大，而我们景炎有现成的高素质教师队伍和响亮的品牌……一阵连珠式的介绍后，这位副总笑了笑，表示回去后与潘总汇报一下。

范希娟没有想到，早上与这位副总刚聊完，中午他就打来电话，说潘总想请她晚上一起吃个饭。

"当时的心情简直高兴得难以形容。"范希娟至今仍清晰地记得那一幕，她第一时间给教育局负责人和学校董事长打电话，可由于公事繁忙，他们不能出席晚宴。范希娟只好拉上副校长罗希，心情忐忑又充满期待地出发了。

所有人都没有想到，正是那顿饭"拯救"了景炎。

见到潘长海后，范希娟给他讲了"接手景炎"的四点理由。其一,景炎目前是株洲市民办初中阵营里的一块招牌,具有很强的品牌影响力;其二,人是最大的财富,景炎学校拥有一批优秀的教师和管理团队,在学校内涵发展与可持续发展上,学校的团队可以完全负责;其三,景炎培育了众多的优秀学子,他们将来就是景炎最重要的人脉资源。讲到最后一点,范希娟说:我们都是普通人,在历史的长河中不过三代人能记得我们,可是做教育不一样,它会拉长生命的长度,让教育者流芳百世,你看孔子、陶行知、陈嘉庚,这些教育家会让人们永远记住——这就是做教育的意义。

潘长海听了笑着说:你这个校长挺能说。

大概是被范希娟充沛的激情和坚定的信念感染,潘长海坦言,自己对教育领域比较陌生,但凭直觉,他相信眼前这个痴情于教育事业的校长。他最终决定:进入实质性谈判。

随后,潘长海来到景炎学校实地考察,看到满地炉渣,到处破破烂烂,一圈走下来后他叹息道:这就是景炎品牌?怎么环境这么破?范希娟将前前后后的经历讲给他听,她说:潘总,这就是我为什么这么着急,希望你来支持的原因。但就是这种条件,老百姓还很认同,纷纷要把孩子送进来读书。潘长海若有所思地点了点头。

半个月后,合同正式落地。潘长海旗下的海华集团先期出资1500万元,用于学校环境改造。他同时承诺,未来还要投资两个亿建设景炎的新校区。

"这真是一笔救命钱。"范希娟说。潘长海火速将这笔钱打入学校账户,此时,离开学时间已经不远了。潘长海以一个企业家高效的作风,找来一支建筑队,叮嘱负责人:按照范校长的时间要求进度完成改造,一天都不能推迟。整整20天,建筑队24小时倒班施工,终于将一所全新的景炎学校呈现在老百姓面前。

此时此刻,所有人终于长舒了一口气。感触最深的当属范希娟了。通过这段时间的交往,她发现,这位温州商人的确是一位有浓厚教育情怀的企业家,有责任担当,同时心地善良。

一个务实有情怀的企业家,一个能干事有想法的校长,这样的组合让景炎学校团队一下子吃了颗定心丸,队伍很快稳定下来。景炎学校的传奇,将在他们手上续写。

11 和董事长"13年没红过脸"

一所民办学校的成败,与这所学校的校长、董事长的职业定位有很大关系,董事长的胸怀、校长的智慧决定了学校的发展。办好民办学校的关键,是董事长与校长之间要有一个良好合作关系。现实中,因董事长与校长脾性不和、观点不一而导致民办学校发展产生危机的案例不胜枚举。

在范希娟看来,景炎学校多年保持高位发展,很大程度上得益于董事长能"信她""懂她"。

作为企业管理者,潘长海一直以来的观点就是,让专业的人做专业的事。在学校管理方面,他提倡"极简主义",全面实行校长负责制,不干涉学校内部事务。也就是说,学校的财权、事权他全部下放给范希娟。

学校的财务实行预算制,预算内校长签字,年底进行财务审计。"这些年连审计都没有了,因为有了充分的信任。"范希娟说。

因为当时株洲市二中也持有景炎学校的一小部分股份,有人提议设立两级财务制,所有决议需要经董事会与学校两层批准才可执行。潘长海听后摆摆手说:"不用!疑人不用,用人不疑,范希娟要是有问题我可以开除她,但既然用她,就充分放手。"

这一点让范希娟心里尤为感动,也坚定了她"放手去干"的信心。

但放手不是放任。

董事长唯一干涉的事情,是要求"不能搞个人小利益"。范希娟并没有让他失望,多年来,她一心想着的只是如何将"一块钱花出两块钱"的效果,从未想过如何为自己谋福利。

所谓士为知己者死,范希娟感恩董事长并愿意为之付出,还在于多年的相处中,她真正看到了董事长亲切、有担当、有爱心的一面。

接手景炎学校后,潘长海很少过问学校的内部事务。

海华集团刚刚接手景炎学校的时候,一位后勤的老同志上报的购买电风扇的价格比商场的零售价还高,范希娟作为校长严厉批评了他,这位老同志很不服气。有一次他跟董事长潘长海联系,说要汇报一些工作。潘长海回复他,工作汇报请找范校长,学校的工作我只对接范校长一个人。

范希娟清楚地记得,当初潘长海跟她明确过两人的分工:"整个团队归你管理,我只负责与你沟通,团队对你负责,你对我负责。"

与一些民办学校兴办者追求利润最大化不同,潘长海投资景炎多年,一直坚持注重社会效益的思想,更是深刻诠释了一个企业家的责任与担当。这也是范希娟最为感慨的一点。

有一年,株洲市的公办学校年底突然发绩效工资,每个公办学校教师相比去年人均多了6000余元,相比之下,之前一直在公办学校教师绩效基础上"加20%"的景炎学校立马就"相形见绌"了。吸引民办学校教师的一大法宝"更高绩效"如今失效,部分教师开始有些情绪,一些怨言也开始流传开来。

范希娟自然理解老师们的感受,可是提高绩效标准,意味着学校要增加一大笔开支，她心中并没有底。见到董事长后，范希娟将目前的情况原原本本说给他听。

听完范希娟的话，潘长海没有犹豫，淡淡地说："范校长，我们合作这么多年一定要达成一个共识，我办学校，要做到'社会效益第一位，经济效益第二位'。从人性的角度出发，如果人家发8万，我们发5万，谁会给你干活，那不合情理；如果人家发8万，我们发10万，你还留不住人，做不好工作，那就是你管理的问题了。"

说到最后，潘长海说："发吧！如果缺钱，我从集团其他公司调钱过来。"听到这番话，范希娟感动不已。

这样的案例还有许多。有一天，潘长海在景炎学校看见学生在铺着炉渣的操场上上体育课，顿时心生不安，立即对范希娟说："这里哪能锻炼身体，建塑胶跑道吧。"

"潘总，我曾经想过这件事，但是这校园是咱们租赁的，只有三年的过渡期，有必要再投钱吗？"当时的背景是，2007年景炎学校租赁校园的费用是每年150万元。按照当时与政府达成的协议，景炎学校在租赁的校园暂且过渡三年，随后政府划拨土地建设新校区。

"当然要投。既然办学，就要对得起孩子，对得起家长对我们的信任。"

于是，几百万投进去，景炎学校有了塑胶跑道。

最近，范希娟有感于公办学校硬件设施越来越好，想要在景炎学校打造"智慧课堂"，办出与公办学校不一样的特色，这需要一笔不菲的投入，范希娟向董事长讲明情况后，他没有过多询问，只是说："好，你说行就行！"

一个企业家，不把钱投到更赚钱的产业中，而是投到回报难以预期的教育上，曾经一度引来众多猜疑。但潘长海不为所动，只是用一个又一个实实在在的行动，回应着人们的质疑，彰显着自己为教育、为社会敢于担当的情怀和勇气。

有一次，潘长海与范希娟一起闲聊，潘长海说："你说我俩合作13年了，为什么从来就没红过脸呢？"

具体是因为什么，范希娟一时间也说不上来。但她知道，"一个巴掌拍不响"，他们相处得如此融洽，那一定是人格互相影响，志向彼此相投，处事彼此信任，对教育的情怀彼此认同的结果。

兄弟同心，其利断金。董事长与校长同心，其利亦足以削金断玉，景炎学校的蓬勃发展，便是一例明证。

12 剥离后的行动研究

潘长海的出现,在关键时刻让景炎学校起死回生,同时也让范希娟找回了重新出发的勇气与力量。作为一名永不止步的思想者,范希娟在解决景炎学校生死存亡的大问题之后,开始更深入地思考学校的发展方向。

不可否认,景炎学校遭受的这一次"大创"让她心有余悸。从株洲市二中剥离之后,景炎学校的未来将何去何从?民办学校如何构筑起"保护自我"的堡垒?答案仍不明朗。

痛定思痛,虽然景炎学校此次遭受的重创源于政府叫停"名校办民校",但范希娟认为,"名校办民校"只是在一定历史时期对我国教育发展的一种补充措施,是一种过渡性的办学形式,随着我国经济发展水平的提高,它存在的合法性、公平性必然会遭受质疑,因此"名校办民校"模式的终结是社会进步的表现。只是,"断奶"后的民校能否走上自主可持续发展道路、继续为地方教育水平的提升起领头羊作用是各方关注的焦点,师资队伍的稳定和水平提升问题,办学条件的完善问题,民校特色建设问题,学校资金链的稳定问题,等等,都制约着民办学校的长远发展。

这些问题牵涉甚广,没有现成的经验可以参考,仅凭观望、猜测无法得到解决。为搞清楚问题的答案,范希娟找到了一条更科学,也更艰难的路——开展课题研究。

从更宏观的视角出发,范希娟认识到,从名校剥离后民校的发展不单纯是一个学校的问题,它涉及社会、教师群体、教育改革、政府等多方面的稳定问题。也就是说,景炎学校所面临的问题,不仅仅是一所学校面临的难题,也不仅仅是一个简单的教育问题。

范希娟的务实与睿智在这一时期再次得到彰显,她没有沉湎于"活过来"的喜悦之中,而是希望通过课题研究的形式进一步梳理思路,开展较为系统和全面的研究,不仅为景炎学校的发展寻求发展之道,也为其他民办学校提供可资借鉴的经验。2006年,范希娟带领学校确立了《与"名校"剥离后"民校"的可持续发展研究》课题,该课题于当年9月被湖南省教育学会立项为"十一五"重点课题。

在这一课题中,景炎学校确立了将开展学校价值体系的构建研究、继承与创新发展模式研究(包括学校硬件设施建设的继承与创新研究、教师队伍建设的继承与创新研究),管理模式的继承与创新研究(包括招生测评体系、员工录用体系、薪酬设计体系、绩效评估体系、员工培训体系、师生激励体系、校本课程体系、民主管理体系)、评价模式的继承与创新研究(包括学校评价、教师评价、学生评价等),为剥离后民校的发展明晰思路,为中国教育在历史传承与时代创新方面做有益探索。

关于课题研究,范希娟一路走来心得颇多,她说:"从参加工作到现在,我主持的大大小小的课题不算少,课题研究中的酸甜苦辣都品尝过了。"在课题研究过程中,范希娟始终坚持着自己的原则,她如此阐释——

1. 务实不务虚。我认为,课题宁缺毋滥,一旦确定了研究主题,就应该真抓实干，而且要结合学校工作实际，从实际需求出发，不搞花架子，不搞形式主义，为学校发展而研究，为教育改造而研究。也就是做真课题，真做课题。

2. 基于学校的可持续发展而研究。景炎学校的发展，既要服务于现在，更要着眼于未来。分析现状，变革创新是唯一的出路。民办教育已由"补充型"向"选择型"转变，民办学校要通过课题研究等诸多手段，带动学校各项机制革新，为社会提供教育选择的需要。

3. 基于忧患意识而研究。一所民办学校是否具有忧患意识，关系着它应对环境变化的行动力，也关系着它的成长与创新。一所民办学校如果满足于过去的成就，就容易忽略竞争环境的变化，因而丧失危机意识，不愿变革也就容易在竞争的洪流中遭受挫折。近年来，株洲公办提质，兄弟民办学校不断提升竞争力，景炎学校必须通过科研，通过机制研究确保在竞争中的优势地位。

4. 基于追求民办教育的特质发展而研究。相较于公办教育，民办教育具有体制优势，正因为这一点，民办教育的办学特质更应该得到充分体现。近年来，随着地方政策的调整，民办学校自主权逐渐弱化，民办学校难以按照社会需求和市场变化优化资源配置、调整办学策略，学校发展的内源力不足，日趋同质化。如果民办学校无法实现教育模式、办学模式等多样化发展，变得与公办学校雷同，那么它就丧失了存在的价值。正因为这样，在无法改变政策的前提下，民办学校只能通过科研，从挖掘机制建设的活力入手，加强研究。

5. 为挖掘民办教育内部管理机制建设的意义而研究。民办教育的生命力，取决于能否充分发挥机制建设的推动力。在机制建设过程中，能否真正找到能激活员工去实现职业价值的机制性动力，事关民办教育的发展前途。要通过研究民办学校内部管理机制建设，为民办教育的发展注入新的活力，也为景炎学校的发展提供不竭动力。

历时4年，通过调查法、行动研究法、文献法，范希娟带领刘坚华、罗希、匡锋、谌寄常、杨元正等一大批骨干力量进行了深入研究。2010年9月19日，湖南省教育学会"十一五"教育科研课题《与"名校"剥离后"民校"的可持续发展研究》结题鉴定会在景炎学校举行，来自湖南省教育界的十多位著名专家参加了鉴定会。

"摒弃功利的教学目的，让孩子快乐学习，这才是适合孩子的教育。"时任湖南省教育学会常务副会长刘先捍认为，剥离后的景炎学校优质教育资源得以增益，社会价值也日益彰显，其独特的发展路径成为株洲乃至全国教育发展的典型，已具备较强的可持续发展能力。

而景炎学校也在课题引领之下，攻克一个个发展难题，找到了剥离之后适合自身发展的路径。

13 确立"生本立场"

景炎的精彩,一半在质量,一半在"生本"。一个是可见的数据群,一个是无形的理念塔。

是的,如果把"生本"喻为景炎的灯塔的话,那么质量则是景炎的"火把"。火把照亮了景炎脚下的路,而灯塔指引了景炎的方向。

景炎自创办以来,一直依托株洲市二中发展,自身的理念文化系统并不清晰,尤其是与二中剥离之后,这种不清晰按照范希娟的说法,如同微观世界里的"布朗运动"现象,导致学校在一种没有轴心的、离散的、内耗严重的、暂时平衡的状态下运行。这不利于景炎的可持续发展。

如今,景炎学校从剥离时的不确定状态,已顺利过渡到了稳定的发展提升状态,到了"理念重建"的时候了。实际上,在景炎实现质量保持株洲首席地位后,范希娟一直试图寻找一个理念做引领。

2008年,范希娟接触到了华南师范大学郭思乐教授的"生本教育",生本教育的理念和做法让她怦然心动。她带领学校领导班子多次前往广州学习考察,并先后邀请郭思乐教授6次来校指导,实施生本教育逐渐成为学校领导班子的共识。

之后,景炎学校怀着"第一个吃螃蟹"的决心,参与了郭思乐教授主持的教育部"十一五"重点课题《以生本教育推进素质教育研究》，成为湖南省第一所生本教育实验学校。

2008年12月21日，范希娟校长面向全校教师做了《推开一扇窗，迎接未来和希望》的动员报告。她重点谈了生本教育"为什么、是什么、怎么样"三个问题。在教师发展中心的李川柏看来，那是在景炎学校十周年校庆到来之际对学校文化的追问，也是对学校轴心文化的探索。

报告中，范希娟明确提出，剥离后景炎已经发展到了统一景炎教育价值观，明晰景炎教育哲学思想，形成景炎独特文化的历史发展阶段。

从生本教育理念出发，景炎构建起了属于自己的文化体系——

景炎校训：生本、致真、明德、日新；

教育理想：快乐学习，幸福成长；

办学理念：一切为了学生，高度尊重学生，全面依靠学生；

教育愿景：创意学习，诗意生活；

学校核心价值观：敢为天下先；

培养目标：道德行者、生活强者、知识智者、创新能者；

校风：景德善创，炎智求新；

景炎教育观：教育激扬生命；

景炎教师观：不做纤夫，甘做牧者；

景炎学生观：学习的主人翁，未来的创造者；

景炎评价观：从控制生命到激扬生命。

这一思想的确立，是指导学校发展的重大举措，从此景炎学校上空飘扬起一面旗帜，这面旗帜是方向，也是做事情的标准。

引入生本教育后，范希娟明确提出要以生本教育为学校文化轴心，使全校各种力量围绕这个轴心来运转，如同天体运动中的向心运动，稳定而恒久。

生本教育的核心阵地是课堂。课堂上如何从教的轨道切换到学的轨道，教师的角色如何从"纤夫"到"牧者"，学生如何实现从单一学习走向多元成长，景炎教师开始了漫长的探索之旅。

让我们看一下景炎课堂上发生了什么样的变化——

历史课上，学生的前置活动常常是这样的："株洲南方公司有9处两层砖木、砖混结构的老房子，被株洲市确定为文物单位加以保护，你知道这是为什么吗？""株洲有个县叫'炎陵县'，你知道这一名称的来历吗？"

景炎学校生本课堂中的学生分享

"小组合作"是生本课堂的显著样态。课堂上基本以四人为一组，男女生搭配，成绩上好中差搭配，这样便于互学互助。小组活动的形式根据不同的课型区别设计，力求多样化。"班级分享"，可以是全组分享，也可以是以组长为代表进行分享。一堂课的最后几分钟，通常会专门留给学生进行反馈提高。在这样的课堂上，老师尽量少教，老师是课堂的组织者，是学生学习的支持者和欣赏者，老师的教是恰如其分的引领。

这些只是"生本课堂"可见的特质，在其背后，确保"生本课堂"活力、高效的是一系列教学管理制度的重建。景炎先后重新修订了集体备课制度、教师专业培训制度和课题研究制度等，并且逐步整理好了全年级各学科《快乐学园》的学案资料。

正在发生变化的还有"生本教育"理念下的学生管理。"相信学生、依靠学生、尊重学生"是学生管理工作的导向。在这个基础上，景炎构建了以自主管理为核心的学生工作体系。

自主管理，就是让学生自主担当、自主完成。景炎把分派工作叫作"抢任务"，就是让学生分组自己"抢"。比如，这一周的擦黑板任务，有的小组早就"抢"到了。他们完成得好不好，班级管理委员会给予评价。以往的班级管理中，班主任说教的东西多，学生真正听进去的少，现在班主任不再霸占时间说教，而是把说的权利交给学生。

再如，有的学生在学生小组合作中不积极参与，导致小组荣誉受损，小组其他成员就埋怨甚至要求退出小组，针对这种情况，班主任及时组织一些主题活动。先以小组为单位到操场开展四人一组的绑腿走，让学生体验四人同心的重要性。然后小组讨论：为什么会失败？为什么会成功？最后小组分享体会和心得。这样的体验活动让学生增强了团队意识，也更好地反哺了课堂上的小组学习。

景炎学校常务副校长罗希曾在博客中记录下这样一段话："从控制生命到激扬生命。'生本教育'的基石，就是对'人的价值'的重新认识。在这里，学生不再被看作一个需要管教、需要告诉的被教育者，而是有着强烈学习本能的生命，他们是学习的真正主人。教师就是要相信学生、尊重学生，全面依靠学生，甚至是'有困难，找学生'。此时的学生，犹如那些分得土地可以自由耕种的农民，获得了真正的解放，拥有了高涨的热情、惊人的效率。"

2009年，《中小学管理》杂志社项目组在景炎学校做过一个调查，结果显示生本教育理念已经得到了绝大多数教师的认同。问卷结果显示：82%的教师"支持或积极支持以生本教育为核心的教学改革"；认为"改不改无所谓"的占18%；"反对改革"的为0。

项目组专家对生本教育改革成果的描述中有一段这样的话："生本教育改革最大的收获是什么，是产生了很多有生本教育观念、渴望推进改革的教师。在访谈过程中，他们的急迫之情溢于言表，尤其是部分教师感谢生本教育给学生带来了变化，并改善了他们自己的生命状态，让项目组非常感动。"

有这样一组数据反映了生本教育课堂教学的改革成果：认为备课方式有变化的占45%；认为学生能够带着问题进课堂的占42%；认为教师讲得更少了，学生更主动了的占49%；认为没有明显变化的只有4%。

家长问卷的最后一题，是让家长用几个词语描述一下景炎学校最突出的特点，家长的回答中不断提到"生本教育"。与家长座谈中，所有家长都希望这一改革能够继续推进下去，表明他们对生本教育的认同。

之所以委托《中小学管理》杂志社专家组进行这样一次全面的数据调查，一方面是为了通过数据看见生本教育的效果，另一方面也是为了发现问题，以便调整下一阶段的推进策略。在改革面前，范希娟有着天然的热情，但她在具体的推进过程中是很审慎的。她知道，当时国内比较活跃的课改典型大多是"薄弱学校"，有着"穷则思变""困则思变"的改革动因，但景炎不一样，景炎的课改是为了谋求更高位的发展。

尽管在具体的实践中还有不少待解决的问题，但范希娟的内心对生本教育更加笃定了。

14 "后教学模式时代"的课堂改进

关于"教学模式之争",教育界内部的各种声音一直没有停止过。有人力挺模式,认为模式就是生产力,模式是把"复杂的工作简单化",是让80%的人在80%的情况下达到80分。有人则旗帜鲜明地反对,认为模式降低了教学的标准,容易让教学滑向模式化的误区。

曾是英语名师的范希娟是反对教学模式的。在她看来,对模式的过分依赖是非常危险的,真正考验教师水平的,是对模式背后的教学思想的把握。课堂真正的成功不在模式上,而在觉悟上,觉者常能自悟。景炎的教师就是要做好"教学的觉者",守住生本立场,守住自己的思想门户。

所以,景炎学校确立"生本课堂"理念后,范希娟一直提醒教师要对模式化保持应有的警惕。

10年前,为了寻找一种可以让课堂更加高效的教学理念和方法,范希娟经历了一个自我否定的过程。

对于一所民办学校来说,生源决定学校的生存,这一点没有人会怀疑。那又是什么决定着生源呢?最直观的就是升学率,即每年学校有多少学生能升入优质高中。于是,民办学校不得不狠抓成绩。谁都知道"没有分数过不了今天",分数显然是硬道理。

景炎学校初期的发展也没有逃出这样的怪圈。但是范希娟知道，名校不等于高升学率，她对此有着清醒的认识。

"拼时间、拼体力是一所学校长远发展的路子吗？肯定不是，我们必须从迷局中走出来，回到教育发展应该遵循的道路上来。花费大量时间搞题海战术和疲劳战术，这样即使出了成绩，也只是短期效益，是违背教育规律的。"范希娟曾不止一次对她的班子成员说。

于是，范希娟踏上了访校之旅。她主持工作以来，带领骨干教师先赴山东考察杜郎口中学，再赴江苏考察洋思中学，又到上海、北京、广州、郑州等地考察学习。最终，景炎选择了华南师范大学郭思乐教授的"生本教育"作为引领景炎教育的旗帜。

"生本教育"倡导"一切为了学生，高度尊重学生，全面依靠学生"，主张教师"不做纤夫，甘做牧者"。在范希娟看来，以生为本，"生"的情况是复杂的、多变的。生本课堂一定是建立在充分了解学生、了解学情基础上的。

通过对当时全国各地流行的各种教学流派的对比研究，他们达成了共识：任何一场改革都必须有一个明确的路径和具体的技术引领。而针对当时全国各地对模式过度崇拜的现象，范希娟则明确提出，景炎学校的生本课堂不主张打造一个固定的模式，因为课堂一旦模式化，就会失去生机。

她曾向全体教师提出了这样几个追问：课堂结构到底是平面的线性结构，还是立体的多维结构？是单纯优化流程，还是多维的理念、方法、技术、评价都要优化？

时任《人民教育》总编的傅国亮先生曾莅临景炎学校作过一场报告。报告中谈到，全国课堂改革中涌现出了各种流派，有影响力的流派至少有72种之多,无论何种流派,共有的规律都是把人从"苦教、苦学"中解放出来,从其形式上来讲,不外乎提倡自主学习、合作学习、以学定教等核心环节。

景炎的课堂应是什么样态?应该呈现什么样的气色?他们在实践中着重把握这样几个核心要素:课堂应该是充满民主与关怀的,课堂应该是一种有生命气息的精神活动,课堂应该是轻松愉快的,课堂应该是充满趣味与美感的,课堂应该是师生自主的创造与挑战,课堂应该最终体现人的充分发展。

景炎的课堂从一开始就直接进入了"后教学模式时代"。在具体的课堂改进行动中,景炎教师团队侧重于追问这样两个辩证关系:一是共性与个性的关系。教育是一项培育人的事业,绝不等同于工业化的流水线生产,一味追求共性是一种对生命的蔑视。但课堂又不能没有效率,完全追求个性不能保障课堂效率,要确保课堂的规范有序必须有共性的东西。

景炎学校通过学科组主备课制度来确保共性与个性的完美结合。主备课制度是学科组内骨干成员对所教内容进行主备说课,对单元课程标准分析、教学目标设定、前置活动设计、教法设计、学法设计、学案设计、评价设计进行组内分享,为全体组员提供主备稿,组内成员在主备稿的基础上,根据个人的理解、班级学生的差异进行个性化备课,实施教学。

这一主备课制度是为了追求共性与个性的完美结合。以历史教学为例,主备人对"国家的产生和社会变革"这一单元的课标进行分析,设定教学目标、前置活动、教法设计、学法设计等内容。主备人以四个活动为中心组织本单元的教学:大禹陵前的祭告、西周集团公司经验介绍会、春秋战国辩论会、中华文明之光博览会。主备人为每一个活动提供了学习支架,其他教师可以借鉴主备人的设计思路,设计每一课时的详细学案。这样一种集体备课方法,真正让学科骨干教师发挥了引领作用,但又确保了每一位教师的个性空间。

二是传承与创新的辩证关系。课堂改进中,景炎学校曾学习过包括洋思中学和杜郎口中学在内的课改名校,但他们从来没有照搬别人的做法,任何一种课堂改进都必须基于学校的具体背景去发挥作用。景炎的课改要借鉴的是先进课堂模式中的先进因素,只有把这些先进因素与学校实际相结合,自主研发,才有可能最终形成最适合自己学校的课堂模式。

经过深入思考、论证,景炎团队提出了"景炎生本课堂"的四个参考性的基本环节:前置活动——小组合作——班级分享——反馈提高。但同时强调各个学科的教师"灵活运用"。"前置活动"大致相当于课前预习,但景炎的预习不在于知识点的识记,注重的是思维的拓展。为此,学校明确要求"前置活动"的作业具有开放性、探究性、综合性。

"任何一种模式的操作流程,都只有靠教师自己去琢磨,才有可能发挥其效用,教师不同、学生不同、学科不同、课型不同,没有人能穷尽教育教学的一切场景,制定拿来就能用的模式。什么样的技术手段是适合景炎学生的、适合你的风格的、适合你的学科的,必须靠每位老师在教学实践中去琢磨。"范希娟多次在教研活动中强调这一点。

2009年年底,范希娟欣喜地看到,学习小组的组建工作全校各班都在进行,老师霸占课堂的情形逐步得到了改善,题海战术的训练方式正被越来越多的老师抛弃。

看到课堂的变化,范希娟曾用"形态多元的生本课堂"来描述学校的课堂样态。所谓生本,是课堂的目的,是为学生的好学而设计的课堂,不再是为教师的好教设计的课堂。所谓形态多元,指的是课堂流程是多元的,学生的发展目标是多元的,教师的组织教学的手段是多元的,学生在课堂中的状态是多元的。

后来学校专门统计了涌现出的一些比较典型的多元课堂形态。比如数学组以陈亮为代表的"点拨启发式"课堂、以李逊为代表的"学生阅读感悟式"课堂,英语组以李群峰为代表的"三段式"课堂,语文组以丁民武为代表的"以读引研型"课堂、以洪跃强为代表的"大语文感悟型"课堂,历史组的"框架问题型"课堂,政治组的"活动任务驱动型"课堂,等等。

这些课堂以"前置任务、小组合作、班级分享、反馈提高"为手段,又不拘泥于这些手段的僵化使用,而是将这些手段服务于教学内容与班级风格,服务于学科特点,以这些手段为工具,创造性地思考各学科的多元课堂形态。

2009年11月,来自株洲市教科院的专家走进景炎学校进行教学视导,在先后听了24节课(涉及各个学科)之后,领队张建军老师认为:景炎已走上专家治校的良性发展道路,教学理念先进,学生学习方式已发生很大变化,满堂灌等落后的课堂形态已不见踪影,教师敬业、向上、有活力,学生快乐幸福成为主流。

景炎的生本课堂一直走在自主研发的路上。生本课堂改革是一场对抗教学模式化风险的改革,是从"功利导向"的异化教育回归到教育本质的教育改革。它不是单纯的技术问题,而是一所学校教育价值观、教育哲学观的根本变革。要取得生本行动的成功,必须从学校的价值重建、组织保障、评价激励、教学行为、师生成长方式等各个方面整体推进。

从 2009 年确立"生本课堂"理念开始,景炎学校的自主研发取得了初步的成效:

2009 年暑假长沙海天山庄研发培训,制定了学校课堂改革的三年规划,形成了教育教学改革的基本范式。

2010 年寒假培训,首开案例研讨先河,两天时间,各学科教师分享了 30 多个精彩教育教学案例。

2011 年长沙石燕湖培训,分模块课程化教师发展课程设计,将校本培训从经验层面带向科学层面。

景炎教师已经在潜移默化地坚守着自己的课堂文化精神,在"后教学模式时代"的课堂改进中显示了自己的教学个性。

15 管理就是激扬生命

楚汉相争，曾被父亲看不起的刘邦最终胜出，而一代西楚霸王项羽落得自刎乌江的下场。刘邦后来总结了自己取胜的原因："论运筹帷幄之中、决胜于千里之外，我不如张良；论抚慰百姓、供应粮草，我不如萧何；论领兵百万决战沙场，我不如韩信。可是，我能做到知人善用，发挥他们的才干，这才是我取胜的真正原因。"

这段话后来成为现代管理学中的经典之谈。在范希娟看来，民办学校的管理者能不能发现并发挥每个人的长处，优化人力资源配置，是一门很大的学问。这其中，如何为每个人量身订制适合的岗位则考验着校长的智慧。

办学之初，学校有一位50多岁的地理老师，因为年龄偏大，授课方式陈旧，对新的教学理念接受缓慢。学生对此颇有意见。几位校领导也很着急：老教师在学校工作多年，付出了许多心血，必须照顾；但是，学生的学习也不能耽误，长此以往，学生的成绩肯定会受到影响。

范希娟心里很明白，她表面上不动声色，暗地里却一直细心观察这位老教师的工作。她发现，这位老教师有一个特别突出的优点：工作兢兢业业，特别认真，不管是板书还是批改作业，不允许有任何瑕疵。

这样认真负责的教师如何更好地发挥他的优势呢？刚好，对于学校的食堂管理，范希娟一直不太满意。"去管理食堂岂不正合适？"范希娟心中一动。但她也明白，老同志自尊心比较强，当然不能直接对他说"你课上不好，去搞食堂吧"。

范希娟先是向这位老教师透露了不再给他安排教学岗的消息，老教师有些不快：为什么不给我安排教学岗？范希娟故作神秘地说：我另有任务派给你，让你去挑大梁，担当大任！老教师半信半疑地走开了。

过了一周，待老教师心里琢磨了个遍，范希娟才又把他找来，告诉他把他调离教学岗位是因为另有任用，希望他去负责食堂的管理工作。那一天，范希娟和这位老教师聊了很长时间。历数了他认真负责的种种表现，而食堂的工作涉及数千学生的卫生安全，丝毫不能马虎大意。"食堂工作需要一个高度负责任的人，我看这所学校你最适合！"范希娟说。

老教师听了，很高兴，欣然接受了这一安排。随后，范希娟特别举办了一个非常隆重的仪式，当着全体教师的面专门给这位老教师颁发了聘书。

这样的阵势让老教师心里备感温暖。后来，这位老教师果然不负众望，将食堂管理得井井有条，成了学校工作中的一大亮点。

"我们要把人用在刀刃上！"这是范希娟的用人之道。她深知民办学校教师资源紧缺，如果人浮于事，很可能会让学校失去活力与竞争力。

有位老师是学校公认的"聪明人"，在许多同事看来，他上课好、点子多，总能给人带来惊喜，但有一点不如人意，即规则意识差，好多规章制度到了他这里总是落不到实处。也正是因为这一点，他在学校几起几落。

这样的教师怎么安排？范希娟坚持"看到每个人的优点"，因为管理不是改人所短，而是用人所长。她给这位老师的定位是"适合教育教学督导"，学校里的各种公开课、各类竞赛辅导，不正需要这样脑袋瓜灵活、想法独特的老师吗？于是，大小公开课等各类教学活动，学校都让他来牵头负责，同时还让他带新教师，帮助他们成长。几轮下来，学校的公开课质量大有提升，学科竞赛中也屡有奖项斩获。

这样的案例不在少数，一青年教师上课尚不成熟，但他年轻有活力，思路开阔，对宣传工作很有想法，于是，范希娟就安排他负责学校的外宣工作；有教师很有文艺天赋，学校就将各种文艺汇演的舞台开放给他……

范希娟常说，不要总盯着教师的短处，而要多看到教师的长处。

人们都知道一个著名的木桶理论——一个木桶能装多少水，取决于最短的一块板。在工业化时代这个理论的确非常有效。但是在互联网时代，这个理论实际上早已破产。更多的管理者认为，与其花精力去治愈某些"顽疾"，不如花同样的时间和精力，把优势发挥出来。

遇到表现不够优秀的教师，景炎的理念是：培养和换脑；少换人，多换脑；先改变观念，再提升专业，以动态发展的眼光去看待每一位教师。李川柏说，20年来，景炎从来没有因为教师的教学质量不高，因为教师的专业问题辞掉过任何一位教师，辞退的唯一理由是师德出了问题。"师德有问题，在我们景炎是一票否决的。"

刚刚担任校长时范希娟也是在学着带队伍。但她深知："每一个人都需要被激扬，校长就是要多去激扬每一位教师。"

在范希娟眼中，一个中心、一个年级、一个学科组就是一个团队，要把团队凝聚在一起，激发队员的最大潜能，就离不开管理艺术。范希娟有一个"管理七问"，即：你怎样确定团队目标？你的选人标准是什么？你的用人策略是什么？你的评价激励方法是什么？你如何与成员沟通？你如何激扬团队精神？你如何来树立自己的权威？

范希娟相信，当每个人都能将自己的优势淋漓尽致地发挥出来，学校到处"星光闪耀"，还愁学校发展不起来吗？当然，这的确需要管理者拥有一双慧眼，同时还要有智慧的管理方式。

在这一点上，范希娟无疑是高手。

16　难忘的"景炎之夜"

每年除夕夜,范希娟和班子成员都会赶到学校,以放鞭炮的方式辞旧岁,迎新年。从办学第一年开始,景炎的领导团队都坚持赶赴这样一次"除夕之约"。聚在一起喜迎新年,期待来年学校有新的发展。后来,这个具有仪式感的"除夕之约"便成了景炎特有的一种文化。

除夕夜,景炎的校园是对外开放的。这个季节的株洲没有北方那么冷,不会阻碍人们走出家门的脚步。每到这个时候,景炎的校园里都会陆续聚集附近的学生、家长和市民,没有人组织,他们三三两两地赶到学校,相互恭贺新年,而孩子无疑是人群中最活跃的。范希娟会给在场的孩子们发红包。近几年的除夕夜,来到景炎的大人小孩越来越多,但范希娟依然坚持给大家发红包。"这个过程正是传递希望和信心的过程。"

这是一场没有约定的集体狂欢。当整个城市沉浸在春节的祥和中,人们才伴随着鞭炮声的消弭逐渐散去。

除了"除夕之约",每年除夕这一天,范希娟还会通过学校官微发布新年祝福视频。

2018 年的除夕,范希娟送上了这样的祝福:"创造的精神可贵,奋斗的姿态最美。2019 年,景炎人将迎来建校 20 周年华诞,学校全体师生员工一定会不负众望，同心同德，奋发有为，以最豪迈的姿态，带着最饱满的热情，共同开创株洲教育更为辉煌灿烂的明天！"

她在祝福视频中说："感谢家长对景炎的鱼水深情，您的信赖，您的关爱，您的全力以赴，是景炎发展永不枯竭的力量之源。范希娟给各位同学拜年了！感谢上天把最伟大的杰作送给景炎，你的每一次胜出，你的每一点顿悟，都是景炎最值得骄傲的财富。"

如果说除夕夜的狂欢已经成为一种"景炎仪式"的话，那么，每年中考结束后的"故事之夜"则是景炎教师团队精神的一种承载。

景炎"故事之夜"的主角是每年初三毕业班的老师，他们负责故事分享，认真倾听的听众则是即将接任初三的老师们。

2018年7月1日晚的"故事之夜"，"抽哥"赵利萍的缺席再一次渲染了他的故事基调。因为平时总能和孩子们打成一片，自诩为长得比较抽象的帅哥，他被学生们亲切地简称为"抽哥"。

中考前的最后阶段，"抽哥"一节课都没有缺过，如今到了分享成功喜悦的时刻，他却住进了医院，中考前他身体不适，连口发烧，高烧后，又出现了长时间的低烧现象，医院要求他住院观察，但是他拒绝了，坚持带病上岗，坚持陪孩子们走完最后的冲刺阶段。平时，大家在办公室里基本上看不到"抽哥"的身影。而到了下课时间，他的办公桌总是被一群孩子里外围着。

尽管那一晚，"抽哥"不在现场，但他用实际行动生动地诠释了这支"战狼团队"的精神。

备受大家关注的还有语文组老丁的"爱恨情仇"。老丁就是丁民武，在他们语文组办公室，经常上演关于"一个男人和两个女人的爱恨情仇"的故事。

"嚣张"是丁老师对办公室两大美女肖老师和张老师的简称,她们喜欢泡茶和吃水果,每次也都不忘给老丁一份,久而久之,老丁也爱上了喝菊花茶、吃水果,个中缘由老丁的爱人一直没整明白。

在享受美食的同时,丁老师也没少遭罪,语文组连续四年创造辉煌,成绩优异,他给出的总结是"这些女人们太疯狂"。早6:50至晚6:50是常规工作时间,此外还经常加班"面批",老丁不甘落后,也不敢落后,自嘲一直在追赶女人们的脚步。一个学期下来,老丁发现自己老了不少。

记得刚分办公室时,知道自己和两位美女老师做伴,老丁心中暗自高兴了好一阵,但没过几天,他开始紧张起来了,因为办公室里经常不见美女老师们的身影,她们不是在教室,就是在去教室的路上,老丁准备了一肚子的话,没地方说,想开个玩笑,也没机会。

一年一度的景炎"故事之夜"成了"感动之夜",大家都充满期待,每一年都不同,每一年都充满感动。

校长范希娟从来不会缺席"故事之夜"。这是她参与并见证团队成长的契机。往往在故事的最后,范希娟会有感而发谈一点感想。2016年的"故事之夜",范希娟又一次流下了眼泪,她说:"景炎的奇迹每年都在发生,景炎人的故事年年催人泪下,景炎人的精神代代相传。"

17 27位景炎名师集体放弃公职

一年前,罗希放弃了株洲市天元区的公办编制,选择留守景炎。

罗希是景炎学校常务副校长、中学地理高级教师,曾获得湖南省初中地理教学比赛一等奖、省级课题研究成果一等奖。20年前,他是株洲市二中刚刚入职三年的教师。一直在范希娟负责的年级工作的罗希,因为景炎学校的创办义无反顾地追随范希娟而来。这一次,政策要求在民办学校工作的公办教师必须回归公办学校,通俗的解读是,要么回归,要么离职。罗希没有犹豫,毅然选择了放弃公职。

根据湖南省教育厅《关于开展中小学在编不在岗教职工专项清理工作的通知》要求,早在2014年5月,株洲市教育局就已经开始对各学校在编不在岗人员进行清理。

据这一年8月14日的《株洲日报》报道,民办学校未"四独立"、公办教师在编不在岗、公职人员入股民办教育、乱选教辅资料、搭车收费,这五个突出问题,被列为今年市教育局整改重点。8月12日,株洲市教育局"晒"整改成绩单。全市各校通过自查发现,共有2318名公办教师在编不在岗,已对1349名公办教师完成清理。

按照政策要求,当年以支持民办教育发展的方式进入民办学校工作的教师,也属于"在编不在岗"的整改之列。

政策的变化总是那么让人猝不及防。但是，范希娟并没有过于紧张，她觉得能拖一天是一天，说不定哪一天政策又会发生变化。

2018年株洲市"两会"期间，作为市人大代表，范希娟曾建言：试行公办、民办教师资源的互通，通过出台相关政策，鼓励公办、民办学校间加强交流，淡化编制对教师的限制，促进教师的共同进步。

但政策并没有因为她的呼吁而发生改变。2018年上半年，有关部门下了"最后通牒"，是回是留必须有一个说法。面对丝毫不能通融的政策，范希娟浑身袭来一种无力感。"这种无力感包裹着你，让你无处可逃。"

一时间，那些在景炎耕耘了10多年的公办教师陷入了选择的两难境地。是回公办，还是留守民办，这的确是一个难题。

范希娟很快收集了大家的意见。她发现，大家都割舍不下工作了这么多年的景炎，只是如果放弃公办身份，同样工作到退休，养老金却差了将近一半。这个不大不小的"纠结"促使范希娟就此问题向董事长潘长海做一次专题汇报。

于是，她又一次走进了潘长海的办公室。

"如果这些骨干教师都回到公办学校，这对景炎的发展可能是一次重创。"范希娟说。

"有没有办法留住咱们的教师？"

"除非我们的教师退休后能拿到与公办学校教师一样标准的养老统筹。"

"那我们就补齐缺少的部分。不能亏了我们的老师们！"潘长海接着补充了一句，"范校，凡是钱可以解决的问题就不是问题。"

范希娟知道，潘总这句话说起来轻松，实行起来却并不容易，要知道，这可是一笔不小的支出。学校要在原来标准的基础上增加近3倍的资金，本校老师才可能与公办教师的养老统筹持平，这势必增加办学成本。

但潘长海最终拍板，就这样定了。

"这就是潘总的胸怀，凡是为了学校发展和教师成长的投入，他从来都很慷慨。"尽管范希娟了解潘总的个性，但这一次她依然感动不已。

当真诚遇见真诚，便会开出美丽的花。自2018年以来，像罗希这样选择放弃公职、留守景炎，并陆续办理手续的教师一共有27位。

这样的决定并不浪漫。

没有人知道在景炎学校内部，这群人的内心发生了怎样激烈的思想斗争。尤其是那些已经年过五旬的教师，马上就要退休了，有必要舍弃公职吗？

值得关注的是，面对清理政策，当地不少民办学校忍痛割爱，让骨干教师回到了公办学校。

这原本是20年来，景炎发展过程中遭遇的又一次剧烈阵痛，但这一次，景炎没有感到疼痛，反而收获了感动，收获了"景炎精神"的再次生长。

景炎27名教师选择集体放弃公职的现象，又一次为景炎品牌增添了亮色。那么，问题来了，景炎学校的教师何以如此稳定？范希娟觉得，可能是源于大家一路走来的情感和对这个品牌的爱护。

在范希娟看来，初心是最好的定盘星。景炎不只是在办一所学校，而是在打造一支团队，一支有景炎教育信仰的团队。这次事件让景炎这支团队的凝聚力、战斗力再次提升。

人到中年做选择时，会更加理性。这么多人放弃"铁饭碗"，离开体制，成为"自由身"，这是更大的责任担当。他们选择的是"归宿"。景炎已经成为大家生命中的重要部分，没有人愿意割舍这项共同打拼出来的事业。

签协议的时候，没有人跟范希娟谈条件，一干人却不约而同地嘱咐说："老姐你要保重身体，景炎的发展离不开你。"

显然，这一事件具有标志性意义。2019年7月，景炎学校的官微推出一组专题文章，题目是《景炎的"另类"教师：放下"铁饭碗"，端起"泥饭碗"》。

文章中说：放弃，既是遍历归来的路，又是重登旅程的路，是对过去诱发深思的路，也是对未来满怀憧憬的路。27位景炎教师放弃公办教师身份，弃"公"投"民"的选择，折射出这群人怎样的教育理解与教育梦想呢？

让我们看一看这些放弃公办身份的教师的心灵独白——

刘坚华，景炎学校党总支书记兼副校长、工会主席。他曾是株洲市二中语文教研组长、学生科长。谈到辞去公职的感受，他说，"人生中最难的不是如何去拥有，而是学会放弃。选择放弃公办教师身份，留在景炎，不是心血来潮，而是自己认真思考的结果。"

丁民武是景炎学校生本教育实践的领军人物。他说："上帝在关闭一扇门的同时，一定会为你打开另一扇门。我放弃公办教师身份，源于对自己和景炎的一份深度自信。体制内的某些条条框框，与我的性格不相容。教育需要自由的空间，我不希望我的教育禀性消磨在不必要的羁绊里。"

吴仕力，数学奥赛金牌教练，湖南省数学教师解题大赛二等奖获得者，担任景炎学校学生发展中心副主任。年近半百的他，放弃公办教师编制，有人笑话他"胆大妄为"，而他只是一笑置之。"因为我知道我内心真正喜欢什么样的职业道路。尽管我的职业道路仅剩一个尾巴，但这个尾巴不算短，即使再短，我也要让这个尾巴留下如彗星扫过天际时的明亮。"

2019年2月27日，《中国教师报》以整版的篇幅报道景炎学校付小芹的教育事迹。2018年，她毅然放弃公办教师身份，选择留守景炎。她说："公办教师身份也许对有些人来说是'晚安床垫'，而我更喜欢在人生旅程中不断拿到欣赏旖旎风光的'旅游门票'。我谈不出大道理，但我的内心告诉我该做怎样的选择，我乐意为可爱的景炎孩子种下'念想'，我必须顺从自己的心灵指引。"

景炎学校校长助理兼课程教学中心主任卓志龙，是中学数学高级教师，湖南省第一、二届数学解题大赛一等奖获得者。作为数学领军人物，他素有"拼命三郎"的绰号。2018年，他毅然放弃天元区公办教师身份，留守景炎。他的内心独白是："与其抱残守缺，不如果断放弃，是否放弃公办教师身份，于我而言，并不纠结。我在景炎待了20年，景炎从小到大、从弱到强，它所走过的每一步我都熟悉。景炎不只有现在的辉煌，也有过去的坎坷，它的那股愈挫愈强的韧性，就是我的个性。留守景炎，与其说是对情感的眷恋，不如说是对坚强的敬意。"

初二年级教学主任王玲，曾获全国中学青年数学教师优秀课观摩评比二等奖、湖南省主题班会课竞赛一等奖。她说："做好一种选择，你就可以认真构想你的前景。忠诚一种念想，你就会过上有获得感的教育生活。从公办到民办，身份变了，但教育的本质没有变，相反，它可以让我更加无限地接近我所希望的教育原样。"

黄诗武是数学奥赛金牌教练，多次获得全国数学竞赛"优秀辅导老师"称号，系景炎学校德育学科带头人。他的内心独白是："人生总会面临选择，选择放弃需要勇气，更需要自信。我放弃公办教师身份的理由很简单，那就是对自己有信心，对景炎有信心，对民办教育有信心。"

如果以传统的眼光来看，这群人更像是"教育另类"，因为弃"公"投"民"从来就不是多数人的选择，"孔雀公办飞"才是正途。但在范希娟看来，从体制内到体制外的"集体出走"，与其说是"背叛"，不如说是忠诚。他们忠诚于自己内心的真切呼唤，忠诚于追求美好教育生活的初心，忠诚于让事业温暖如春的教育家园。

痛下决心，只因他们对景炎爱得深沉。当理性思考穿越迷局，毅然决然对公办教师身份说"不"的时候，轰然倒塌的是固化思维装点的空中楼阁。透过这一事件，景炎人清晰地看见了景炎的未来，也看见了自己的真实诉求。

第三章 蝶变

景炎成为一面旗帜后,范希娟决然走出舒适区,她博采众长为己所用,甚至一度蹚进"无人区",寻找景炎的下一个"增长极"。坚守与突破中,终有一天,景炎化茧成蝶,曼舞翩跹。

18 范希娟的"教师发展哲学"

2019年9月17日，景炎学校新一期青蓝工程拉开序幕。在这次青蓝工程典礼上，一幕特别的拜师场景引人注目——工作了6个年头的谢蕾老师，主动要求加入"徒弟"的行列。

谢蕾是谁？2018年她摘得湖南省班会课竞赛一等奖，2019年又获得景炎首届"四有"好老师的称号，她所带班级各项指标均居年级前列。就成绩而言，她可以说已经是"导师级教师"了，为什么主动要求加入徒弟的行列？

面对别人的疑惑，谢蕾说："我身边优秀的同事太多了，'学，然后知不足'，唯有不断学习，我才可以走得稳，走得快，走得远。对老师来说，不管她多优秀，学习永远在路上。"

谢蕾是"景炎好老师"的一个缩影。在景炎，教师"好学"是出了名的。这与范希娟一直坚持"发展学校就是发展教师，发展教师要依靠教师"的理念有关。多年来，范希娟本着人文发展、科学发展和持续发展的原则，构建了一整套景炎教师的"发展哲学"，对景炎而言，这实在是一笔极为宝贵的财富。

范希娟带团队的目标是培养一支具有高度自信、高度活性、高度归属感和荣誉感的团队。因此，景炎学校从建校开始就走发展学校先发展教师，以教师发展带动学校发展、以提升教师专业水准和职业幸福指数，带动学校内涵提升的路子。

"高度尊重教师、全面依靠教师"是范希娟的第一理念。在景炎，为了让教师"安心、舒心、乐心、齐心"，学校构建了一系列"以人为本"的制度和保障机制：购齐各类政策许可的保险，建立教师爱心基金，实行"少换人，多换脑"的用人机制，让教师安心；支持建立各类教师俱乐部，如自行车俱乐部、户外运动俱乐部、围棋俱乐部、羽毛球俱乐部、乒乓球俱乐部、书友社等，让教师在工作之余过得舒心。完善各类奖励制度，如教育教学奖励制度、年度十佳教坛风采奖励制度、星级奖励制度等，让教师乐心。重视团队建设，捆绑评价，制定年度优秀教研组学科组奖励制度、优秀处室奖励制度、中考奖励捆绑评价制度等，让教师齐心。

"良好的学校生态是由教师个人和谐的教育生活决定的。给教师营创和谐的职业生活是维系学校良好生态的关键，教师的责任感和职业幸福感是激发教师爱心的最大源泉。"范希娟说。

"在景炎教书，基本没有后顾之忧，惊喜层出不穷。"景炎的教师都这样说。

范希娟秉承的第二条教师发展哲学是，培育景炎教师"大气、才气、灵气"的魅力特质。在范希娟看来，"大气"的教师首先是一名充满正气的人，有着坚定的人生观、价值观；正直、平等、坦荡是他的本色，把精神生活的充盈看得比物质生活的富足更珍贵。大气的教师充满正气而不固执，宽容与谅解的博大胸怀表现为与同事、与学生、与领导的和气相处。大气的教师背后必然有着深厚的底气，阅读与深思、践行与反思成就他的底气，底气是教师的支点。大气的教师还要是一位雅气的人，爱好雅致，周身自内而外散发着书卷气。"才气"是教师文化修养与文化底蕴的自然流露，是教师立足于讲坛，取信于学生的保证。有才气的教师上课时妙语连珠、旁征博引、谈笑风生、受人尊敬、令人信服。"灵气"是教师学习领悟新知识、适应时代发展的能力。

20年的办学历史中，有"大气、才气、灵气"的教师不断涌现："技术达人"黄亚平，他的身上体现着对新知识的热切渴望，全身心为学校的现代教育技术做好服务工作；"幸福晋姐"李晋老师，是市级学科带头人，能把班级带出精、气、神来；"好爸爸"春哥，再调皮的孩子都是春哥眼中的宝；还有刚刚在全国初中英语教师基本功大赛中斩获一等奖的李细老师，纤细的身体充满了无穷的活力；"书虫"兰祁峰，嗜书如命，很有些八十年代文青的味道。

范希娟总结的教师发展哲学第三条是，发展教师要靠文化"浸染"教师。教师职业是触动人灵魂的工作，绝不等同于拿手术刀似的技术性工作。教师不仅要有丰富的知识，更要有正确的价值观、有效的思维方式和行为方式。

在范希娟看来，教师文化是教师群体的共同"认同"和"信念"，表现为教师群体的无意识"思、行"方式，当这种共同的"思、行"方式成为群体的一种习惯，就构成了一个"文化场"，深刻浸染着置身其中的每一个人。发展教师文化就是要达成教化，养成智慧，提升教师作为人的境界。

范希娟为此实施了一系列策略，比如构建"和而不同"的学习共同体，让学习成为一种习惯。学校根据教师年龄层次划分了三个成长阶段，即职初型教师、成熟型教师、创新型教师，学校为不同阶段教师的搭建了不同的专业发展平台，设置了不同的内容。年龄相近的教师在一起，更能相互启迪，营造学校良好的文化气息。

景炎学校的学习工程包括五个层面：行政层面，每周一小时集中学习；全校层面，每月两次集中学习；学科组长层面，一月一次集中学习；班主任层面，一周一次学习；教师层面，每年有系列学习。构建专业成长积分体系，让专业增值成为一种无意识行为。学校建立了专业成长积分体系，中心业务学习发言、校内外各级研讨课、指导校内外青年教师、论文发表获奖、竞赛获奖、参与学习等都纳入其中，并与教师收入挂钩。学校鼓励教师撰写教育博客、反思，还创办校本学术刊物，培养校本培训讲师……

景炎学校还融合了天、地、人三网，即以校园维基学习平台为天网、以定时定点的常规教研为地网、以专家讲师团队为人网的学习工程体系。

"景炎的学习工程首先从行政层学习开始，我们改变了学校每周行政例会的内容，工作安排尽量压缩时间，腾出一半时间用于学习，前后进行过《向解放军学习》《王道绩效》《教育专业领导力》等专题学习。"范希娟说。

学习体系的构建，使景炎学校逐渐成为一个学习型组织，这种良好的"文化场"也浸染着每一位景炎教师。这样一支爱学习、爱思考的教师队伍自然带来了课堂的改变。"只有形成科学的教师专业发展体系，教师发展了，价值体现了，师资队伍稳定了，学校的可持续发展才会有根本保障，学校的专业品牌效应和社会效应才会不断攀升。"范希娟说。

与此同时，范希娟还把"从'各美其美'到'美人之美'"当作教师发展的第四条哲学。在她看来,优秀的个体不代表优秀的团队。她倡导"美人之美、共享成长、分享幸福"的群体文化。

"作为学校管理者,不仅要从学校发展的角度,更要在教师人生成长的背景下发展教师,倡导教师之间的互赏、互谅、互帮、互学。为教师成长搭建平台——专业成长的平台、人生价值实现的平台、生活幸福的平台等,多采用团队评价措施,实现团队共享成长,分享幸福的和谐文化氛围。"范希娟表示。

比如,在备课时,景炎就实施了以主备制度为核心的常规教研活动,由组内骨干教师对单元内容作主备说课,组内全体教师对主备说课稿进行研讨,各位教师在此基础上形成个性备课稿,如此让教师们充分互帮互助,贡献集体智慧。

2018年荣获"株洲市教坛新秀"荣誉称号的教师袁也,获奖后就深深感慨自己"不是一个人在战斗"。

"一纸荣誉背后凝结着太多的心血,它是集体智慧的结晶。教学设计一遍遍推翻重来,历史组这个大家庭给了我无穷的动力和灵感!2017级团队师父们悉心的指导和帮助,最终让一纸设计变成了生机盎然的鲜活课堂。"袁也说,怀揣着这么多人的期望和爱意,她没有理由不做得更好、走得更远。

范希娟教师成长哲学的第五条是"不能'死水中养鱼'"。这句话有两层含意,一是指校长要始终保持一种呼唤的姿态带领团队,为团队注入活力;二是指要用发展性评价来评价教师,促进教师不断提升。

范希娟常说,如果一所学校缺乏学生生命的蓬勃生长,学校将失去活力;如果一所学校少了教师不断地自我超越,这所学校就缺少品质的关键因素。基于这种认识,景炎学校在发展人这方面做了大量的努力。

"教育天空的蔚蓝,是由校园天空的纯美编织的,校园天空的纯美,是由教师天空的美丽涂抹而成的,给教师一片美丽的天空,就等于给了教育希望的明天。"在湖南省长郡中学的一次发言中,范希娟用了这样一段诗意的话,表达自己对教师发展的重视。

19　阅读：快时代里的慢选择

民进中央副主席、新教育实验发起人朱永新先生曾说，不善于读书学习的教师，总是拿着一张教育的旧船票，每天重复昨天的故事，而善于读书学习的教师，就能够从前人的经历中吸取经验教训，通过阅读不断思考，在大师的肩膀上攀升。

在不断求变的时代，一个知识面不广的教师，很难真正给学生以人格上的感召力——对民办学校而言尤其如此，当教师故步自封，不能与最新的教育理念接轨，始终墨守成规，则很可能"泯然众人"，失去竞争力。

范希娟显然也意识到了阅读对于教师成长的重要性，她曾说，教好书首先要做好一个读书人。教师只有坚持不断拓展知识的广度和深度，丰富自己的内心世界，拥有深厚的知识底蕴和文化修养，才能在课堂教学中纵横捭阖，化腐朽为神奇。

范希娟对阅读的推广总是不遗余力，即便在困难时期，在每年的年度工作计划中，阅读也常常被放在景炎学校的第一位。比如，2006至2007年度第一学期教研室工作计划显示，教师专业化成长计划的第一项就是读书，详细计划包括：

1. 围绕师德修养和教育教学理念的提升，为每位老师购书一到两册；

2. 每位老师都必须有不少于 5000 字的读书笔记和不少于 2000 字的读书心得（分两次在读书交流会上检查）；

3. 本期各教研组（语文、数学、英语以备课组为单位）要组织开展两次读书交流会（都必须上交计划），要求人人发言（要有会议记录，最终要将老师的发言整理成电子文稿上交教研室），同时要求有行政领导参加（由教研组或备课组自行邀请）。

范希娟还经常安排各年级积极开展读书活动，为全体老师提供学术讲座、经验交流等学习机会，为老师的专业化成长提供有力的保障。在景炎学校，各类读书达人是景炎各类论坛上的常客。

2018 年 4 月 26 日，景炎学校图书馆第二期文化论坛开讲，特邀"中国诗词大会"第三期擂主、北大才女陈更博士来演讲。陈更以"诗词为媒谈阅读与写作"为题，分享了"如何进行有效阅读"的心得。"读书是因为喜欢，这是第一要义。让你喜欢的文字带领你走入阅读的大门，不要强迫自己阅读别人认为你应该阅读的书，不同的年龄段对阅读的需求也有所不同。"陈更说。这样的讲座，极大地激发了师生对诗词和阅读的热情。

对阅读的重视让不少教师获益颇丰。2015 年 11 月到 12 月，景炎学校教师丁仁礼加入景炎代表队参加株洲市第六届"教坛新秀"竞赛活动，经过笔试、面试和主题课竞赛，最终获得株洲市第一名。在分享获奖心得时丁仁礼表示，自己喜欢读书，是市图书馆的常客，为准备比赛，在景炎学校新建的图书馆里踏踏实实地啃读了教育专业书籍，感觉"大有裨益"。

景炎学校名师付小芹常常有很多创新之举，这些创意基本源于学习。比如她设计的初一入学护照，就是从李希贵的《学生第一》这本书上学来的,她班上推行的班级日志和编辑的书籍,是从李镇西的讲座里获得的灵感。

事实上,范希娟自己更是一个爱读书的人。"从一名普通老师到校长,在我的这个成长过程里,学习起了很大的作用。管理学、教育学、心理学等书籍,我每天有空余时间就阅读,久而久之,就养成了一种习惯。早上醒来,我的第一件事就是看微信文章或教育专著。景炎学校的管理创新和机制建设,都是我学习得来的启发。"范希娟说,"一个成功者,需要有非常宽广的襟怀,也需要有非常宽广的视野。视野的宽广包含两层含义,一个是信息的宽广,一个是书本知识的运用。因此,读书很重要。尽管我工作很忙,但我有一个习惯,每天再忙也要抽出两三个小时阅读思考。"

2015年10月19日,景炎学校新图书阅览室开馆仪式在学校操场举行。全校师生汇聚一堂,共同见证学校新图书阅览室开馆,这一举措开启了景炎图书阅览室事业发展的新篇章。

开馆仪式上,1304班丁一达同学作为学生代表发言,他以习近平主席的阅读故事为例阐述了现在阅读条件的优越,从阅读解决生活实际问题和通过阅读探求精神家园的角度,向全校师生发起倡议:阅读——快时代里的慢选择。

范希娟最后做了总结发言。她指出,学校图书阅览室是景炎全体师生获取知识、开阔视野、探求精神真理的精神家园,她还引用经典故事阐述了阅读的真正意义,勉励全校师生要充分利用图书阅览室的馆藏资源养成良好的阅读习惯。

我们不妨摘录她的讲话内容,一起感受她浓郁的"阅读之情"。

亲爱的老师们、同学们：

早上好！

在这秋高气爽的美好时节，我们学校的图书馆正式向全校师生开放了。所以今天特别值得纪念，因为我们共同拥有了一个获取知识、开阔视野、探求真理的精神家园。让我们以热烈的掌声为图书馆的开馆揭幕。我们用掌声表达对全体为图书馆建设付出艰辛劳动的师生的敬意，表达对图书馆管理员任勇老师长期卓越劳动的谢意，表达对自己从此多去图书馆努力读书的鼓励。

著名作家马克·吐温说："识字而不读书的人，比起文盲，其实没有占到多少便宜。"书籍是人类文明智慧的主要载体，是培育心灵圣地的"精神资本"。读书让人生更加丰富、更有价值，使民族更加灿烂、更加文明，一个爱读书的人，一个爱读书的民族，永远不会沦落为精神世界的卑微者。一个人抵抗逆境的精神资本有多丰厚，从他读过多少书能看出来，读书能够优文，"灵魂之精游"，"智慧之攀登"，从而体会到一种超然忘我的乐趣。读书的真正意义，就在于提升自己的境界高度，把阅读当作一种习惯、一种享受，乃至一种境界。

一位哲人说过，"播下一个行动，收获一种习惯，播下一种习惯，收获一种性格，播下一种性格，收获一种命运。"凡事同理，读书亦然，养成读书学习的习惯，不仅是一种行为，更是一种责任。"胸藏文墨怀若谷，腹有诗书气自华"，让我们真正把读书学习变成人生成长进步的阶梯，用读书学习点亮自己的多彩人生，常常相会在我们的精神乐园——景炎图书馆。

2015 年 10 月 19 日

20 范希娟的"七字管理诀"

范希娟显然是带团队的高手。

作为校长,她的很多管理智慧是从《亮剑》中的李云龙身上参悟出来的。她赢得团队成员的信赖,不只是因为她有管理智慧,更重要的是,学校发展遇到最棘手的问题时,她总是冲在最前面。在遇到教师们的利益受到影响时,她不推诿,真正做到了爱护下属,对每个人不抛弃、不放弃。范希娟在景炎所谓坚强的领导力就是这样形成的。

范希娟在景炎 20 年的管理生涯中,有不少典型的管理案例,但她个人的"管理经"很少真正总结过。

2016 年 8 月,范希娟给景炎的行政干部和对口帮扶的湖南新晃侗族自治县禾摊中学的校领导详细解读的"七字管理诀",堪称范希娟最经典的"管理经"。

那一天开场,范希娟讲到了海尔总裁张瑞敏说过的一句话:"一个伟大的企业,对待成就永远都要战战兢兢,如履薄冰。"

她认为,景炎发展到今天,其实也是如此,一直战战兢兢,如履薄冰。尽管景炎取得了让别人仰视的成绩,但仔细剖析景炎的管理现状,是否存在这样的现象:当学校要用人时,却面临无人可用的窘境;景炎的年轻教师越来越多,但真正需要担当的时候,又出现有人不可用的尴尬。各中心、各年级、各学科组，如何管理团队，如何选准人、用好人，都是值得研究的大课题。

紧接着范希娟根据个人生活、工作体验，借用七个字，和大家分享了她理解的学校管理。

为解读这七个字，范希娟的确认真做了一番功课。她在分析每一个字的时候，都分别引用了一句诗来导入。

哪七个字呢？

第一个字"鱼"

"眼似真珠鳞似金，时时动浪出还沈。"这两句猜谜语式的诗句描述的就是"鱼"。在范希娟看来，要调动人的积极性，物质支撑是最基本的条件。学校要想管理有效果，首先要给予教师必要的物质保障、满足教师基本的物质需求，这是管理中的人本主义立场。学校还要及时根据市场变化，适时提高教师的福利待遇，与时俱进，这也是管理的基本原则。

当年，景炎学校开当地之先河，给全体教师购买"职业年金"，制定了旨在体现公平、科学的薪酬分配机制，也是希望通过满足教师的物质需求心理，来调动教师的积极性。景炎倡导的优质优酬、多劳多得正是基于这一管理原理。所以说，给教师"鱼"，用物质手段来提高管理效能，是一个重要前提。

关于第一个字，范希娟给出的结论是："鱼"是奠定管理效能的基础。

第二个字"渔"

唐代诗人张籍《寄白二十二舍人》一诗中有这样两句："三省比

来名望重,肯容君去乐樵渔。"诗句中的"渔",是钓鱼的意思。在范希娟看来,钓鱼需要技术和方法,这正是管理者最需要寻求的。

这样的追问让范希娟逐渐形成了她的管理"长板理论"。以用人为例,景炎学校的年轻教师不断增多,年级组在管理年轻人上该如何艺术进行?用人不能看是否与我志趣相投,不能看是否与我情投意合,要看什么?范希娟认为,一看师德是否高尚,二看人格是否健全,三看人才是否优良,四看能力是否出众。每个人各有所长,各有所短,尤其是年轻教师,劣势很明显,优势也很突出,就看你是否可以用辩证思维,用发展的眼光来看待?扬其长避其短,导其行正其言,何愁有人不可用呢?她提醒景炎的干部永远铭记一点:"用人不在于如何减少人的短处,而在于如何发挥人的长处。"

关于第二个字的结论,范希娟概括为:"渔"是一种管理艺术。

第三个字"欲"

"欲穷千里目,更上一层楼。"是唐朝诗人王之涣《登鹳雀楼》中的诗句。诗中的"欲",其实就是一种内心的真实期望,也可以说是一种目标。

人们常说:胸中没有大目标,一根稻草压断腰;胸中有了大目标,泰山压顶不弯腰。期望理论指出:没有目标的团队,只能称之为"乌合之众",没有目标的管理,就是一盘散沙。学校有大目标,统领全局工作;中心有目标,连接年级、学科组有序组织教育教学活动;年级组、学科组结合情况,制定恰当的目标,作为老师前进的方向。

欧洲有谚语说:"瞄准天空的人总比瞄准树梢的人射得高。"契诃夫也说过:"感到自己在这个世界上是件多余的装饰品,那是很难堪的。活着而又没有目标是可怕的。"所以，以目标来引领，管理者给下属期望，用期望来激发老师的潜能和主观能动性，这才是高明的管理。当然，目标的制定需要科学，需要调研，需要数据，需要广大老师参与，目标要既高远，又接地气，既宏大，又有实现的可能。

关于第三个字，范希娟的结论是："欲"是管理的方向。

第四个字"娱"

白居易有诗云："天下无正声，悦耳即为娱。"诗中的"娱"是一种心态，表达轻松、快乐等身心状态。

管理是一种严肃的爱。既然是爱，那么管理的主客体都应该能感受到轻松与快乐，严肃绝不是管理的主色调。那么，到底该怎么来理解管理中的轻松、快乐？范希娟认为：首先要正确理解管理不是管制，不是约束，经常想想"管"后面的"理"，有理就心态平和，关系顺畅。要做到这一点，就需要懂得沟通的艺术，做思想工作的艺术。如果管理者放松心态，放低身段，以积极快乐的心情与人沟通，自己自然会快乐。也就是我们常说的"走心"，走进教师心灵深处，这样，管理者就赢得了人心，也收获了快乐。对被管理者而言，就是不把工作当负担，而是视为实现自我价值的一次机会，在自我实现里体验快乐。用好沟通的武器，用好理解的武器，用好真诚的武器，那么，快乐工作当然不只是说说而已了。

关于第四个字，范希娟概括为："娱"是一种管理状态。

第五个字"愚"

王维有诗云："不知吾与子，若个是愚公。""愚"，在一般理解里，与智慧相对。而管理中的"愚"，却有扎实、稳健的味道。

大智若愚，是一种人生入世哲学，经常被人称道。管理者要有"愚"的特质。常言道：愚人做呆事，愚人讷于言。管理者就是要有这种"愚"的表现。一个敏其行、讷其言的管理者，本身就是一种行动感召。少说多做，扎扎实实地做，做行动的楷模，管理者就有了带动力，这是一种无声的管理。

范希娟拿学校内部的卓志龙举例。数学解题大赛，他带头参加，不用多动员，数学组的老师自然就参加了。多做事，做实事，虽然表面上吃亏了，但作为管理者，吃亏吃苦是一种策略，需要大力弘扬。在景炎，我们不难看到：有些管理者只发号施令，不亲力亲为。难事、苦差事年轻人上，竞赛竞技其他人上，只负责摇旗呐喊，只站着讲话，这样的管理者，怎么能有带动力呢？美其名曰指导，其实是逃避，说到底，是心态不对，自我修为不够。

"愚"在管理中也是稳健的表现。遇事冷静，做事沉稳，不骄不躁，缓急有度，这就是管理中难得的"愚"。景炎需要这样的"愚"式领导，因为，要领导好别人，先要领导好自己，要别人去做，自己得先去做。

关于第五个字，范希娟总结说："愚"是一种管理境界。

第六个字"誉"

唐代"诗僧"贯休有诗云："誉自馨香道自怡，相思岭上却无机。"诗中的"誉"是赞誉、美誉的意思，在管理中可以理解为一种精神激励和荣誉感。日本企业家松下幸之助说过："企业最大的资产是人。"学校是育人的场所，学校管理的本质就是管人。自始至终把人放在第一位，尊重员工是管理成功的关键。所以，适时给老师赞誉，随时激励自己的下属，让下属觉得你很重视他，如此一定会有不错的管理功效。老师的缺点，单独当面批评；老师的优点，公开场合大力表扬。每个人都希望获得他人的肯定，这是人性的共同特点，在基于事实的前提下，不要吝啬你的赞誉。其次，作为管理者，要把荣誉感放在首位，学校的荣誉，中心、年级的荣誉，应高悬头顶，作为一种指引，并为之奉献。有了荣誉感的驱使，管理者就会思考自己的管理行为是否科学？自己的管理方式是否合理？自己的管理活动是否有效？让每个管理者带着荣光，带着使命感和荣誉感去工作，哪里还会有管理倦怠呢？哪里还会找不到管理的方法与策略呢？

关于第六个字，范希娟总结为："誉"是一种管理高招。

第七个字"宇"

"不知地占最高处，但觉恢恢天宇宽。"诗句中的"宇"，本意是宇宙，而在管理中则意味着，管理者需要一种宇宙般的情怀与胸襟。

宇宙，是最广博的时空，可包容接纳万事万物。一个管理者有多大的胸怀，决定了他能做多大的事业。景炎的治校理念中就有"海纳百川，有容乃大"这一条。真正的管理者既要能包容人，又要能包容事。对敌人，能包容，便能化敌为友；朋友做错了能包容，便能亲上加亲。我们的年轻教师，受经验、阅历、时代等所限，工作失误在所难免，工作业绩不突出也属正常，如果一棍子打死，全盘否定，如何有发展？景炎有一百多名员工，良莠不齐，情性不一，如果管理者没有包容的心态，我们的教师生态就会很糟糕。

有人说，"兵随将转，无不可用之才。作为一个管理者，你可以不知道下属的短处,却不能不知道下属的长处",这句话讲的就是管理者的胸襟。景炎的管理者要能受得了委屈,能受得了误解,能受得了批评,用一颗广博的心去接纳。当然,包容不是放纵,不是不坚持原则,而是要有一种心胸。还是松下幸之助说得好:"心存感激还不够,还必须双手合十,以拜佛般的虔诚之心来领导员工。"遇到问题时,管理者就要有佛的心态,没有解不开的结,没有办不成的事,没有沟通不了的人,这样,我们的管理,该是另外一番景象。

关于最后一个字,范希娟概括的结论是:"宇"代表一种格局和胸怀。

"管理是一门学问,是一门艺术,不是做到我讲的这几个字就能解决所有问题的。像执行力、管理体系建构、评价激励等,也都非常重要。"范希娟说,"领悟'制度补漏、文化固本、人本养生'的人本管理之道,跳出狭隘的短视管理格局,树立'利益与思想结合'的大格局意识,是我们共同的任务。"

21　景炎的"生活邀请"

2018年9月开学季,湖南株洲景炎学校的初一新生经历了一次不一样的"开学礼"。970余名新生在学长、学姐的陪伴下,先后跨过"入学门""成长门"和校庆"玉兔门"。这"三重门"是景炎学校向新生发出的"生活邀请"。

走过"成长门"后,新生会从教师手中接过一张特殊的纸币。这是景炎学校特制的"景炎币",学生可以持"景炎币"在学校爱心超市兑换不同的学习用品。集到一定数量,可以点歌、看电影,换取喜爱的教师的签名照,还可以参加校长组织的"学生午餐会"。

2016年,学校发行了首套"景炎币"。"景炎币"分为"道德币"和"生活币",目的是激发学生去主动习得生活能力和学习能力,以达到培养"道德行者"和"生活能者"的育人目标。

"景炎币"是一种在校园内流通的虚拟货币。校长范希娟说:"学生是需要被欣赏和激励的。我们以'景炎币'这种特殊的激励方式,激励他们在景炎度过一种值得回忆的校园生活。"

"学生从走进景炎学校的第一天起,就要开启一种全新的生活。"范希娟越来越清晰地认识到:学生来到学校首先是来生活的,其次才是来学习的,学习只是生活的一部分。"我们的教育必须向生活靠拢。学校不能只是知识的殿堂,还应该是诗意生活的伊甸园、汇聚美好的集散地。"

已经升入高中的刘子妍,在景炎学校遇见的美好事物是"书"。三年的校园生活,让她最感念的就是"自己爱上了读书"。她曾一年阅读了《纳兰词》《呼兰河传》等22部名著,被评为学校的"读书达人"。她说:"不知从什么时候起,读书成了我生活中必不可少的一部分。做完功课的闲暇时间,读一本名著,睡觉前的一小段时间,看一篇美文,成了我每天雷打不动始终坚持的习惯。"

刘子妍在自己的读书宣言中这样写道:"有人说,'书犹药也,善读之可以医愚'。是的,书是一味万用之药——当我徘徊迷茫时,书使我懂得'山重水复疑无路,柳暗花明又一村';当我因为一点小小的胜利而洋洋得意时,书又会警醒我'会当凌绝顶,一览众山小';在我失落伤心时,书能给予我最温暖而无言的慰藉……仔细看来,在我成长的道路上,从来没有缺少书的陪伴。"

景炎学校的校园生活丰富而有创意。每年的爱心义卖活动是景炎学子最期待的年度盛会之一。2019年3月29日,景炎学校一年一度的爱心义卖活动如期举行。3000余名师生、家长齐聚操场,活动盛况空前。不少学生都在活动中买到了自己喜欢的"商品",1812班的彭楠更是在这次爱心义卖活动中遭遇了一场"特别的感动"。

活动当天,彭楠所在的班级给每个小组配发了一只灰白相间的"玩具狗",彭楠发现其他组的"玩具狗"脖子上都挂有小铃铛等不同的饰物,而自己组的却没有。为了吸引"顾客"的眼球,她将最喜爱的吊坠系在了"玩具狗"的脖子上。等她去了一趟洗手间回来后发现,"玩具狗"连同那个价值不菲的吊坠已被不知情的同学以8元的价格卖出。活动结束后,她才想起请家长帮忙在群里发布寻物信息。

没想到，信息发出不到半小时，吊坠就找到了。为此，彭楠专门写了一封感谢信。

"生活是教育的中心。"景炎学校党支部书记刘坚华说，"这次爱心义卖活动的小插曲，更像是给景炎学子出的一道品德考试实践题。"

当教育走向生活，当学生成为生活的主体，便会有无限可能发生。2017年校运动会常常被景炎师生提起。那一年，53个城市的文化被"搬"上了运动会开幕式。代表北京的1701班的学生，有的身穿京剧戏服，有的则扮演北京周口店人；代表绍兴班级的学生则捧着绍兴老酒，抬着乌篷船；哈尔滨的啤酒喷洒了起来；"新疆"的女生跳起了新疆舞；"西双版纳"的姑娘玩起了泼水。"唐僧师徒四人""秦始皇""江姐""战狼"等一一登场。同时，舞蹈、轮滑、戏剧、啦啦操轮番上阵。这场由学生策划、演绎的开幕式创意无穷，把53个城市的特色文化展示得淋漓尽致。

每年一度的"学科节"是景炎学子展示思想和才华的快乐盛宴。学科节分为体育节、人文学科节、科技节、艺术节四个板块，从每年9月龙腾虎跃的秋季运动会拉开帷幕，到10-12月文化学科活动的高潮迭起，最后谱成元旦文艺会演的壮丽篇章，贯穿整个学期，涉及所有学科，覆盖每个学生。

景炎校园生活的可能性和创造性无处不在。在去年的景炎学校科技节上，一项项发明使参观者耳目一新："车对车鸣号系统"，只要按动信号发射钮，有效范围内的车辆司机便会收到信号，做出反应，避免事故发生；"碾压式地板发电系统"，可以在公路和商场人流集中的地方铺装，汽车和人流经过就可以带动发电系统，白天给蓄电池充电，晚上给路灯供电；"便携式鸡蛋检测器"，可以准确检测出鸡蛋的好坏……

如果哪个学生喜欢舞蹈,那么他在景炎的生活可能会有不一样的体验。学校为喜欢舞蹈的学生提供"点餐式"课程。学生进入舞蹈社团,教师会先做一个调查,然后根据学生的需求进行分类。舞蹈种类从街舞、古典舞到拉丁舞,甚至广场舞,可以说是无所不包。除此之外,学校还在课程内容中加入了戏曲等传统元素和嘻哈等流行元素,开设欣赏课,指导学生分辨美、欣赏美,进而创造美、展示美。每到学期末,学校还会组织"景炎梦想秀",让学生同台竞演,展示各自的魅力。

2015年,景炎学校在校本课程实施上启动了"选课走班"。每人有一张校本课程选修表,饮食与诗歌、荒野求生、棋文化、戏说历史、好玩的数学、创意服装、针织技术、动漫制作、篮球、烹调与美食、街舞、演讲艺术等课程赫然在列。副校长罗希认为,"选课走班"就是用适合学生的方式培养学生,其实质是从"补短式"教育转向"扬长式"教育,让每一个学生在学校过一种自由而有品质的生活。

其实,"选课走班"何尝不是一种"生活的邀约"。是的,景炎学校向学生发出的"邀请"并非单色调的"学习邀请",而是多彩的"生活邀请",并且这样的邀请有属于他们自己的逻辑,那就是"生本"。"生本"才是他们一切教育的逻辑起点。

22 毅行的力量

每年的"毅行"是景炎师生一次感动全城的约定。

有人说:"要么读书,要么旅行,身体和灵魂至少要有一个在路上。"景炎学子用脚步丈量湘江,将天地尽收眼底;用坚毅标记青春,将精神长留心底。在孩子的眼中,最美的风景在路上;在老师的眼中,最好的学习是体验。

所谓毅行,就是"坚毅地行走"。范希娟曾给孩子们打气:"毅行,眼泪不是我们的答案,坚持才是无悔的选择。毅行,贵在坚持,难在坚持,也成在坚持!"

景炎的毅行活动开启于2014年。每到春暖花开的季节,景炎学子都会成为一名毅行者。在毅行结束后撰写的日志中,有学生这样记录,只要在路上,就没有到不了的地方;有学生说,每一次用双脚丈量路途的旅程,都是一场洗涤心灵的体验,一场团队精神的考验,一次生理与心理的突破。日志中还有更绝妙的表达:用行走的力量见证成长,要行走在灵魂的最深处、精神的最高处!

景炎学校的毅行已经成为一种课程,它早已超越了长距离的奔袭,成为景炎的经典德育活动课程。"这是毅力行、情感行、团结行,也是创意行、环保行、美育行。"范希娟说。

范希娟被学生们亲切地尊称为"范妈妈"。每一次毅行,他们的范妈妈都会陪他们一起行走,甚至有同学和他们的范妈妈打赌,看谁能坚持走完全程。

每一次毅行出发前,范希娟都会寄语孩子们,每一次的寄语都充满力量。她曾说:"'没有比人更高的山,没有比脚更长的路','读万卷书,行万里路',希望同学们记住它并坚毅地去践行它。景炎学子不仅是学霸,能创造中考奥赛等奇迹,还应是生活强者,拥有儒雅的气质、强健的体格和顽强的意志,能够战胜毅行路上的任何困难。"

"行走,不只是为了远方,更是为了在行走过程中去欣赏每一处迎面而来再与你擦肩而过的风景。行走的意义到底在哪里,谁也不能告诉你答案。而那些真正行走在路上的孩子,终有一天会领悟到,世间所有的路,都不会白走,所有的风景都不会白看。现在在路上所遇到的一切,那些内心的纠结、坚持和残酷,都会成为一颗有营养的种子,让他们未来变得强大的种子,并在多年后开花结果。"

2019年5月10日,景炎学校第六届毅行活动举行。这一次毅行一共28公里,7个小时。董事潘长海、校长范希娟与学生一起参加了毅行活动。毅行结束,孩子们纷纷开心地比出了胜利的手势,孩子们说,因为坚持,他们爱上了这场对自己的精神洗礼的行走。

团委书记李伟一直负责毅行活动的具体组织工作。谈到毅行对孩子们的影响,他感慨颇多:"景炎学校不仅要让孩子成为知识获取的合格者,还注重对孩子精神品格的培养、坚强意志力的锻炼。毅行活动有助于学生团队精神的培养,有助于构建和谐的人际关系,包括师生之间、同学之间、家长和孩子之间的融洽关系,也能够鼓励孩子们相互关爱,体会到深刻的人生哲理。"

2015年4月23日,由2000多名师生参加的毅行活动正式开始,早上8点从学校出发,徒步至株洲市云龙示范区管委会,往返一共38公里,历时10小时。这是景炎历史上里程最长的一次毅行,"会很辛苦,也很精彩"。

景炎学校毅行活动

在这次毅行过程中,从校长到老师,从班主任到后勤部队,每一个教职人员都和孩子们并肩,不仅陪伴孩子们走完全程,还做好服务工作,为孩子们提供签到点,及时清点人数防止有人掉队,提供基本的应急措施等,细致而全面地做好每一项工作。

"我和学生一路聊天聊过来了,我撑不住的时候,学生会给我加油;他们走不动的时候,我鼓励他们。"初二1304班班主任陈伟俊老师说。

临近下午6点,2000多人的毅行队伍顺利返回学校,带着一路收获的快乐、疲惫,当然还有不少人脚上起的水泡。

李伟回忆说,最难熬的是行走完一半路程之后,同学们轻盈矫健的步伐变得沉重起来。但是孩子们有很强的团队精神,走不动的孩子互相搀扶着,几位强壮的男生默默接过了女生肩上的背包,同学们一路上有欢笑,有劳累,有鼓励,有关怀,友情的温暖就这样悄悄被传递,坚毅的意志就这样默默被淬炼。

初二年级的一名学生后来在文章中写道:"漫漫长路,我们看不到它的终点,仿佛永远走不到尽头,但是我们不愿意放弃,就这样一步一个脚印地前行。旁边有学校的车经过,班上许多人都嚷嚷着:'我要上去,快让我上去!'可终究没有一人真正上车。因为我们不想半途而废,不想成为一个失败者,不想给自己在景炎的最后一次毅行留下一丝一毫的遗憾。多少次想要放弃,多少次想要退缩,多少次想要结束,但是我们凭借最坚强的意志力走到了终点,所以我们该为自己那份坚持而骄傲。"

另外一名学生写得更有意思:"只剩最后两公里了,我的承受能力也终于达到极限,我真的很想停下来休息,但我知道如果我停下来了就很难再起来。我只能在心里一遍遍呐喊着'never stop',然后继续一瘸一拐地走着。'加油,就快到了。'这时,陈丰业给了我一块饼干,我就着水艰难地咽了下去。'背元素周期表吧。'他又开始用老方法让我转移注意力,可偏偏我就吃这一套,明明已经累到不想说话,却努力地回想起几小时之前记过的概念。就在他时不时的提醒下,我终于背出了元素周期表的前42位。

"当我第N次在心里背完元素周期表时,终点已经在我的眼前。我快跑几步到达终点,陈丰业跟在我后面也到达了终点。我的心里充满了无尽的感激,因为这一路上他自始至终都在陪着我,用学习法分散我的注意力,让我能够走完38公里的行程。

"我最应该感谢的,就是他这种默默鼓励我坚持到最后的人。"

景炎的毅行已经超越了行走本身。孩子们接触大自然,感受社会发展与时代进步。毅行倡导人人爱卫生，人人参与环保的理念；培养坚毅担当的品质与责任感；锻炼学生的恒心、意志力及沟通能力；让参与者在欢乐的气氛下得到身心的锻炼，树立人生新目标。

景炎学校毅行活动

毅行是一场温暖的互助行，追求的是团队精神，锻炼的是互助精神，只有齐心协力，才能走完全程，也只有一起经历风雨，到达终点，才能明白毅行的意义所在。

"景炎学校的培养目标是让学生做'道德行者、生活强者、知识智者、创新能者'。这些都需要靠课程来实现，毅行活动已经成为最受景炎学子喜欢的课程之一。通过毅行课程的体验，孩子们悟出了很多道理，他们体会爱、体会快乐、体会付出、体会陪伴！这些都是在书本上学不到的！"范希娟说。

23　开学典礼：给学生最有爱的仪式感

"请同学们把目光聚集在这架飞机上，谁坐得最端正、笑得最灿烂，谁就能幸运地被它拍到，并获得新学期大礼！"2015年春季开学，株洲市景炎学校陷入了欢乐的海洋中。在这场春季开学典礼上，2007年"感动中国年度人物"李丽与大家分享梦想的力量，大家放飞新年梦想气球，还有航模飞机将抓拍百张学生笑脸作为新学期礼物。

李丽是湖南衡阳人，1岁时患小儿麻痹症，40岁时遭遇车祸，从此与轮椅为伴。尽管如此，她依然用乐观的心态笑对人生，长期从事公益事业和青少年心理教育工作。在演讲现场，她俏皮地唤自己为"丽美人"，她用自己的经历告诉所有学生"帮助别人，快乐自己"的感悟，不时引来阵阵掌声。

在开学典礼现场，全校学生将自己的新年愿望贴在气球上，共同来放飞这承载着梦想的气球。当初一（6）班的学生谢舒鑫遥控的航模飞机出现在学校上空时，瞬间点燃了全场气氛，"拍我！拍我！""看这里！"学生们纷纷兴奋地朝飞机挥手。原来，这台航模飞机上安装了摄像头，谁被它拍到，谁就能领到新学期礼物，奖品包括一次与校长共进晚餐的机会、电影票、羊年吉祥物等。

"我请学生吃饭，地方任他们挑，去酒店吃大餐或者吃肯德基都行。"范希娟笑称,希望用这样的方式为学生留下一个美好的记忆。

景炎学校向来注重开学典礼这一重要仪式,在范希娟看来,开学典礼是重要的育人契机。范希娟希望每一年的开学典礼能做出不同的创意,让孩子们在潜移默化中受到影响,为新的学期开一个好头。

2015年9月2日下午4:00,景炎学校的操场上,激昂高亢的乐曲声响彻云霄,景炎学校全体师生齐齐到场,共同参与以"铭记历史扬风帆·圆梦景炎振中华"为主题的开学典礼。此外,学校还邀请了60余名家长代表到场观礼。

2015年是中国抗日战争暨世界反法西斯战争胜利70周年,景炎学校特意选择这个节点作为秋季开学的主题。为了让全体师生更加真切地领会这一历史事件的重要意义,学校特别邀请到抗战老兵张庆功老人亲临大会,动情讲述那段英勇杀敌、荡气回肠的战斗历史。张老结合抗战经历,将自己最初决心报仇雪恨、立志抗击到底的光荣历程一一描述。演讲结束后,张老还为景炎学校图书馆捐赠5套著作,以此激励全体师生刻苦学习、励志兴国、坚定信念、牢记使命,成为勇于担当的社会主义的接班人。

"这样的开学典礼很特别,让我对先贤们的抉择与勇气肃然起敬,他们舍身为国、不惧困难的精神值得我们学习。"一名学生在典礼结束后说。

结合重大历史节点,巧妙地嵌入对学生行为习惯养成、理想信念培植的教育,这是景炎学校开学典礼一贯的特色。

2016年秋,景炎学校举行以"传承奥运精神,绽放青春梦想"为主题的新学期开学典礼,特邀羽毛球世界冠军郑波、黄穗参加典礼活动,初一学生过"入学门"和"成长门"、学生齐诵景炎德育三字经、全体学生行敬师礼和同门礼、"奥运圣火"传递活动等成为精彩亮点。

典礼上,郑波、黄穗手持"奥运火炬"来到了会场。他们携手点燃火炬绕操场一周,将火炬传递给学生代表,并和学生友好切磋表演球技;还签名战袍送给学校,以此激励所有学生,将来做一个有用之才。在郑波眼中,景炎的学生有一种独特的精神,他在发言中鼓励孩子们要将体育运动的精神发扬到生活中去,做一个不怕困难,坚持为梦想拼搏的有为青年。黄穗则祝愿所有景炎学子在读好书的同时拥有好身体,活出自己的精彩人生,做一个孝敬父母、对社会有贡献的人。

2017年春节,一档名为《中国诗词大会》的节目火了起来,这档节目让大家感受到了中华诗词的美,重新燃起了大家对中国传统文化的热爱。2017年春节开学时,景炎学校的开学典礼便紧跟这一热点,典礼上不再是传统的校领导、老师、学生代表先后致辞,也不是唱歌跳舞,而是诵读中华诗词。舞台上都是学生唱主角,而且模仿诗词大会节目的飞花令环节,可以说是精彩纷呈,现场的气氛,热闹好玩,让人啧啧称赞。

2019年9月6日下午,景炎学子过"入学门""成长门",行成长礼、拜师礼;玩快闪,歌唱亲爱的祖国母亲;唱经典,景炎少年豪情满怀;送祝福,师生家长真情表白;做演讲,联合国维和军人撼动全场;热情的欢呼、美妙的歌声、感动的泪水,宣示着独特的景炎创意和景炎形象。

尤其是校长范希娟和党总支书记刘坚华等作为主唱带领景炎师生和家长联手,玩起了快闪,一曲耳熟能详的《我和我的祖国》引发了全场的"K 歌潮"。

"这样的开学典礼让我感到骄傲,我一辈子都会记住今天的鲜花、歌声、笑容和爱国激情。"初一新生梁诗涵说,"今天的开学典礼给我们上了一堂生动的爱国教育课。""把孩子送到景炎上学是我最正确的选择,这样的开学典礼很有仪式感,我们跟着孩子一起感动。"初一新生家长张先生表示,"把孩子交给景炎,我很放心!"

期期开学,次次不同,景炎学校注重传统文化的经典传承,又不断创新,形式多样的开学典礼成为学生心中颇为期待的盛事。

"为什么说景炎学校开学典礼最让人难忘?因为在景炎学校的开学典礼上,孩子们早已将这份开学典礼看作步入青春期最难忘最美好的一份成长礼物!"范希娟说。景炎学校的开学典礼,唱主角的不是校长,而是学生,这让学生感受到了新学期的快乐,其乐融融,希望满满。

2018 年秋,景炎学校开学典礼上,范希娟上台致辞

每一次开学典礼,范希娟都会精心准备一次紧扣主题的开学演讲,她希望将所有美好的祝福、期望都传递给孩子们。比如在 2016

年以"传承奥运精神，绽放青春梦想"为主题的开学典礼上，范希娟生发女排精神，对学生进行了一场难忘的励志教育，以下片段，足以见得她精心的准备与演讲的风采。兹节录片段——

值此时刻，我们举行以"传承奥运精神，绽放青春梦想"为主题的开学典礼，意义重大。我认为，传承奥运精神其核心学习榜样就是中国女排，我们要把女排精神发扬到成人成才的行动中去，我们要努力做到以下几点。

第一，学习女排持之以恒的精神，做学习和生活的强者。"古之立大事者，不惟有超世之才，亦必有坚韧不拔之志。"水滴石穿、绳锯木断说的就是这个道理。网上说"中国乒乓球把对手打哭了，中国女排把国人打哭了"。中国女排从1981年开始夺得世界冠军，35年的坚守，靠的就是这样一种让国人无比振奋无比感动的精神。作为学生，我们成人成才就特别需要这种坚韧不拔、不畏困难、锲而不舍的精神和意志。一个人成就有大小，水平有高低，决定这一切的因素很多，但最根本的是学习。学习从来不是一件轻松快乐的事情，只有真正走进去，以苦为乐，努力坚持下去，才能收获成功。我殷切地希望我们全体同学志不求易，事不避难，少喊空口号，少看消遣的电视节目，少挂QQ，少刷微信，少玩网游，少追星，拒绝八卦，将更多的精力用在修身养性上，用在提升自己的学习品质上。

第二，学习女排顽强拼搏的精神，做学习和生活的勇者。狭路相逢勇者胜。女排半决赛遇荷兰队、决赛遇巴西队，都是先失一局。但中国女排凭借一股不服输的精神，无论是领先还是落后，一分一分地咬，一分一分地追，一分一分地拼，最终凭借两个3∶1，勇夺奥运冠军。主教练郎平曾说，女排精神不是赢得冠军，而是有时候知道不会赢，也会竭尽全力。同学们，你可以不够优秀，但在新的学期里，希望你们竭尽全力做一个认真的自己，认真上好每一节课，认真完成每一次作业，认真对待每一次考试，要争取自己一点一点地进步。希望同学们做一个奋进的自己，瞄准目标，奋勇前行；做一个执着的自己，战胜恐惧，永不放弃；做一个坚强的自己，竭尽全力，奋斗到底。

第三，学习女排总结反思的精神，做学习和生活的智者。女排的胜利，来自科学的训练，来自不怕失败，更来自失败后的总结和及时调整。35年来，女排也遇到过低谷，也尝到过失败的滋味，但她们总是在不断总结反思，一场球赛如此，几十年的发展也如此。所以，保持辉煌最好的法宝就是总结经验教训，不断分析对手，努力提升自身水平。在学习和生活中，我们需要顽强拼搏，但不是一味苦干蛮干，而要学会抓住主要矛盾，抓薄弱环节，采取科学的办法，进行重点突破。我们需要借鉴优秀者的经验，需要调整自己的学习状态，需要改变低效的方法。智者就是能发现问题并找到最好的解决问题的办法的聪明人，希望大家都努力成为这样的人，不负时代的重托。

白岩松认为，中国女排与荷兰一战简直是荡气回肠，大赞郎平教练就是为奥运决赛而生的，注定是创造历史的人。在白岩松看来，女排和乒乓球一样，应该被认定为国球。女排的胜利，其实就是一种精神的胜利。这种精神小而言之，成就了一支球队，大而言之，成就了中国人团结奋进的精神，鼓舞了全国人民实现中国梦的士气。身为中国未来希望的你们,要把这种精神传承下去,学会学习,学会做题,学会考试,更要学会做人,做独立的人、诚信的人、有责任感的人、敢于拼搏的人。

同学们,你们就是为朝气蓬勃的新时代而生的人,你们注定应该成为创造自己和学校历史的人,希望你们用坚实的脚步和辛勤的汗水,催开自己最绚丽的青春梦想之花。

24　让学生成为学校的主人

"从控制生命到激扬生命。生本教育的基石,就是对'人的价值'的重新认识。做教师,就是要相信学生、尊重学生,全面依靠学生,甚至是'有困难,找学生'。此时的学生,犹如那些分得土地、可以自由耕种的农民,获得了真正的解放,拥有了高涨的热情、惊人的效率。"这是景炎学校一名老师在自己博客中留下的一段话。

无疑,在这所真正践行"以生为本"理念的学校里,"学生第一"的主体地位无人可以撼动。这样的理念不是挂在墙上,而是落在地上。

2018年,15岁的吕馨怡在景炎学校初三年级就读,初一初二年级时她便已小有名气——初一时,吕馨怡担任年级部学生会主席;初二时,她担任学校学生会办公室主任与学生会主席,学校的大事小情她都参与其中。到了初三,她更有了一个更响亮的头衔——校长助理。

范希娟说,景炎学校会在全校学生中"海选"校长助理,并设有专门的校长助理室。校长助理定期与校长交流想法,提出学校需要整改的事项,反映学生普遍关心的问题,并提出整改期限。由此可见,校长助理并非虚职。

有一阵子，吕馨怡就给范希娟带来了学生们关于食堂的若干反馈：食堂里菜品有些单一，能不能增加一些品类；餐椅的排布过于紧凑导致大家吃饭时"胳膊打架"；食堂的空调夏天有时候开不了，就餐时太热……范希娟听完反馈，要求食堂一一整改。

像校长一样为学校的各项事务"操心"，这样的经历，对学生而言是一次难忘的体验。

2016年担任校长助理的方婧懿听到范希娟在全校师生面前宣布这一任命的时候，她说："我简直不相信，太吃惊了。"身为校长助理，方婧懿忙碌而又充实。还在读初一的方婧懿需要协助年级主任负责初一的日常工作，如每天的考勤、大课间的跑操、眼保健操、卫生的检查等，另外还要定期组织学生会干部进行经验总结和反思，"好的措施大家一起学习，不足的地方大家一起商讨解决"。

一年下来，校长助理的任职经历让方婧懿进步巨大，最为重要的是让她自己"明白了态度的重要性"。

"有一个好态度可以战胜一切困难。当校长助理时，我可能不会让所有同学都信服，但是不管遇到什么事情，我都绝对不能生气，要用一颗宽容的心去面对一切，冷静地去处理问题。这是我最大的收获。"方婧懿说。

校长助理只是景炎学校管理机制创新中的一个小小案例。范希娟认为，一所学校持久的生命力来自它的文化内涵的培养。她用生本理念指导学校管理创新，使学校实现了事务管理向文化管理转型，组织文化、课程文化、制度文化、环境文化正在逐步形成。人事管理、班级管理、年级组管理等方面发生了深刻的变化,有了"多换脑少换人"的人事管理思路,有了"多指导少指责、多研究少包办"的部门职能转变,有了"民主、自主"的班级管理导向等等。

"只有激活机制,才能激发学校蓬勃发展的生命力。"范希娟说。

25 "走班"走出自主，"选课"选出梦想

随着基础教育课程改革的不断深入，"选课走班"逐渐成为热词。按照国务院办公厅日前印发的《关于新时代推进普通高中育人方式改革的指导意见》要求，"选课走班"将成为高中教育育人模式的一种新常态。

为丰富学校的"教育供给结构"，为学生提供丰富、多元、可选择的课程资源，鼎力革新的景炎人自2015年便率先对学校校本课程进行选课走班的尝试。如今，选课走班制度在景炎已日趋成熟，课程更加系统化、人本化，制度更加规范化、科学化，这已成为景炎学校的又一张特色名片。

2015年进入景炎学习的初一新生何映娴，对学校的"选课走班"感到很新鲜。第一次拿到校本课程选修表，内容如此丰富，到底选什么课，让何映娴满心纠结。

课程表上有"趣味象棋""历史大讲坛""文学与历史""生活中的数学""景炎谜语大会""人体健康""窗外小声""走遍欧美""玩转好莱坞""风水与地理知识""街舞""汉服设计"……

有同学说："我想了解欧美风情，很酷！"

"我们一起去'窗外小声'听龙老师授课吧，我可喜欢龙老师了！"

"我很羡慕那些穿着汉服特别有气质的人。"
……

每个同学都在思忖着自己内心到底最中意哪门课程。

何映娴最终选择了"玩转好莱坞"。她在自己的作文中记录了第一次上课的情景——

上课铃终于响了,同学们迫不及待地冲进教室,不一会儿,教室就坐满了人。听到后面同学抱怨:"下次一定早点来,人太多了,坐前面一点,听得会更真切,看得会更清楚。"我不禁感慨万分。

周霞老师优雅上台,亲切地说:"平时同学们上课也辛苦了,今天的选修课大家就放松一些,但也要遵守规矩。言归正传,让我们今天一起走进好莱坞,遨游在欧美大片的海洋里!"一节课出奇地安静,全班同学全神贯注地看着电影。我注意到还有同学在笔记本上写英语单词。校长妈妈说:"我们就教学生喜欢的。"这完全符合我们的想法,我们就学自己喜欢的。

每天下午的最后一节课,在每位景炎学生手中,都有一张校本课程选修表。一张初一学生的课程表上面有"《诗经》里的那些美好""玩转汉服""戏说历史""荒野求生""多彩的植物世界""创意服装设计""情商训练营""动漫制作""英语趣配音""经典好莱坞""好玩的数学"等20余门涉及各科文化知识和心理健康等方面的课程。每门课程后面有授课时间、地点、授课教师、选修限定人数等。

有同学说:"我从小就喜欢历史英雄人物,所以我选择了'戏说历史'这门课。"有同学说:"我很羡慕那些生存能力强的人,我要去听'荒野求生'课。"有同学说:"我学了3年围棋,我肯定选修'围棋文化'。"也有同学说:"我想学下编织技术,母亲节那天,我就织个小玩意送给妈妈……"

第八节课,在景炎学术报告厅,100多位学生正在听历史校本课《帅哥隋炀帝》。"隋炀帝是帅哥吗?你知道隋炀帝和唐太宗十大惊人的巧合吗?你相信隋炀帝是一位写作高手吗?你怎么看待隋炀帝的那些政绩工程?"这是历史校本课堂上老师提出的问题。在问题的引导下,学生听得兴趣盎然,或沉思,或围坐讨论,或引经据典,侃侃而谈,或反驳同学观点,底气十足。40分钟的课堂,活而不乱,掌声、笑声此起彼伏。

下课后,一位学生说:"这样的课有点意思,原来历史还可以这样学,我的选择没错,下次我要早点来,要坐前排。"

"亲爱的同学们,你们知道汉族的传统服饰是什么吗?"校本特色课上,钟德敏老师故作神秘地问道。稍做思考后,同学们踊跃发表了自己的意见:"旗袍!""中山装!""不!是古装!"……孩子们争得个个面红耳赤,却仍没得出一个统一答案。"那么到底是哪个机灵鬼'蒙'对了呢?"钟老师稍做停顿,吊足大家胃口后娓娓道来:"来来来,亲爱的小伙伴们,让我们乘上时空机,在历史的长河里品衣袂飘飘。"这是"玩转汉服"选修课的一个开始场景。

初一的邓玉萱同学谈了上"玩转汉服"课的感受:"伴着钟老师充满诗意的话语,钟老师指导我们完成了古代的及笄礼。然后,在一张张制作精良、华美惊艳的PPT的引领下,在一个个典故的回味里,在一次次趣题的抢答里,我们的课堂在精彩演绎。教室里发出的欢笑声引得时不时有老师探进头来。""感谢景炎学校,赐予了我们新奇有趣的校本活动课程。汉服之于我们,不再是冰冷的过去,而是真实可感的现在。"

校本选修课程菜单通过校园网络平台发布,学生可根据自己的兴趣、爱好与特长,自主选择一门校本选修课程。

在保证每个学生基础学习的前提下,各学科分类别、分层次设计了多样的、可供不同发展潜能学生选择的活动课程内容。于是,学生手中的课表由原来一班一张的统一课表,变成了一人一张的个性化课表,学生成了课程学习的志愿者和主人,都可以在选修课程中获得愉悦、收获精彩,找到自信和成就感。

常务副校长罗希认为:"选课走班"就是用最适合学生的方式来培养学生;传统的"行政班"教学,在某种程度上制约了学生的个性化发展;在不能完全颠覆"行政班"教学的前提下,校本课程"选课走班"也许是解决这一问题的路径之一。

"选课走班"体现了学校对学生差异的尊重和主动适应,是对"因材施教"教育原则的有效落实,反映了学校教育价值观的转变。其实质是从"补短式"的教育转向了"扬长式"的教育,鼓励学生按照自己的优势发展,有利于拔尖创新人才的发现和培养。

"选课走班"并不单纯是一个技术性的实践,更是一种人才培养模式的变革。以前的教育常态是,学生哪块是短板,就想方设法补哪块,最终使学生没有一块长板。而现在的做法是,立足学校学生个性发展的需要,以课程为载体,以学生兴趣为动力,以民主尊重为手段,充分挖掘学生的长处或优势,最后达到学生短板不短、长板更长的发展目标。

"选课走班"不是一个单一独立的教学组织行为，而是存在于学校教育教学管理的系统性设计之中，必须有完善的学校管理体系与之匹配。景炎学校试行"选课走班"制，就是因为有系统的科学的管理体系做支撑。2013年，学校重新构建管理体系，由过去的双线型管理变革为块状管理，力求构建一种扁平化的管理体系。变革后，学校5个中心的职能逐渐走向以计划、研究、指导、评价为主，职责界定更清晰，专业研究意识更浓。为了挖掘课程的潜能，课程教学中心通过研究，设立了课程委员会，负责课程的管理、开发、实施、评价等工作。为了探索"选课走班"，由课程教学中心牵头，借助课程委员会成员和年级教师，通过调研、座谈等方式，逐步推出数十门校本课程，并通过问卷调查、走访等形式，反复论证，根据反馈不断调整。学校这种模块化的管理的效能在"选课走班"中得以充分彰显。

学校不断改造升级校园硬件，以满足"选课走班"的需要。学校新建了十几个分领域或学科的主题教室，如国际交流室、国学室、科学室、音乐室、形体室、美术室等，建设了高规格的物理、化学、生物实验室，建设了体育馆、图书馆、书吧等大量开放与半开放的公共学习空间，无线网络信号可覆盖到校园各个角落。以"生本、致真、明德、日新"为核心的校园文化因此深入人心。参加2019年市民办教育工作会议的与会代表在参观完景炎校园后，深有感触地说："如今的景炎校园，硬件设施上档次，校园文化有内涵，用'高大上'来形容一点也不为过。"改造升级后的景炎校园，一流的软硬件环境为实施"选课走班"教学提供了有力的保障，也唤醒了学生为成长而选择的内动力。

小小的"选课走班"，折射出景炎大大的课程梦想。

景炎实施"选课走班"不是作秀。范希娟一直在思考：学校到底要培养什么样的人？这是学校开设校本选修课程必须回答的问题。因为课程是学校育人价值的体现，或者说，课程是学校实现育人价值的有效载体。景炎的育人目标是把学生培养成为道德行者、生活强者、知识智者、创新能者。要达到这个目的，就要努力实现学生全面发展、多元发展。学校的育人目标决定了校本选修课不是基础课程的陪衬，而是基础课程的丰富和延伸。

景炎正在开发创新课程体系，它包含通识性课程、专业化课程和个性化课程。如每学期的开学典礼，就属于个性化的德育活动课程。一切活动都以学生的需要为切入点，试图打破过去初中课程结构相对封闭与单一的状态，重构有景炎特色的课程结构体系，使基础课程与校本选修课程优势互补、动态平衡，充分释放各种课程的潜在功能，发挥每一个学生的聪明才智，尊重学生的个性与差异，尊重学生选择课程的权利，强化学校课程与学生成长的紧密联系。课程实施的形式灵活多样，选课走班，大小班上课，即讲座式的短线课程实行大班制，研究型的课程实行小班制。一年的实践证明，通过不同班级、年级学生的组合教学，增强了学生的互助合作，开阔了学生的思维。"选课走班"改变了传统的教学和思维模式，支持学生全面发展、个性发展和主动发展。

26　绘制景炎课程图谱

课程是学校育人的载体,是培养发展学生的沃土。随着国家第八次新课改的启动,课程改革越来越成为当下学校发展的一大"流行词"。但是,在看似繁荣的课程改革浪潮之后,一些学校由于忽视了课程改革的初衷,茫然随波逐流,也出现了一些令人忧患的"乱象"。

范希娟早已敏锐地看到了这一点。"开场时轰轰烈烈,谢幕时冷冷清清,这是课程建设中常有的现象。一些学校美其名曰搞课改,其实是迫于形势(因为别人都在搞,我不搞就显得落伍了),赶'时髦',盲从跟风,跟在别人后面虚张声势。似乎学校有了课程建设这块招牌,就显得高大上了,于是乎,一夜之间,数十门乃至上百门校本课程就莫名其妙地出现了,完全忽视了课程建设的价值性与科学性。"面对课程建设中的热闹表象,范希娟总能犀利地指出其中的隐患。

在范希娟看来,形形色色的课程改革,有不少是挂着课改的牌子,充其量是一种教学组织方式和学习方式的变化或微创新,喧嚣一时之后便是落寞销声。

课程建设最重要的目的与原则是什么?"课程建设一旦脱离了发展人、完善人的目的,它就失去了生命力。"范希娟说。但什么样的课程才适合景炎学校？范希娟一直在思考：这门课程是否适合我们的学生？这门课程对学生是否能减负提效？这门课程的实施是否有资源性保障？学生是否对这门课程感兴趣？这门课程是否与学校的育人目标相符……

相较周边其他学校，景炎学校并非最早出台系统课程体系的学校。范希娟带领学校老师在冷静分析校情和生情后，结合学校已有的课程资源，谨慎调研，精细设计，最终才出台了较系统的课程体系。

这套课程体系紧紧围绕"促进学生个性发展和多元发展，最终提升学生综合素养"这一目标，在多元人才培养理念的指导下，涵括教育部统编基础课程、拓展课程及生活服务课程，为学生的全面发展搭建了广阔的课程发展平台。

根据学生的发展需求，景炎学校有针对性地对课程进行开发。如在国家课程和地方课程的基础上进行拓展延伸，开发研究性课程；在调查学生发展多元需要的基础上开发个性化课程；针对部分老师"重教学轻德育"这一现状，开发了德育实践课程；结合株洲市创建国家文明城市这一契机，开设了文明礼仪课程；在综合调研家长和学生优质教育需求的前提下，开设了国际游学课程……

景炎学子在丰富的课程中获益颇丰。外教口语课生动活泼，礼仪课独树一帜，综合实践课有声有色，创新思维课卓有成效；学科节系列活动丰富多彩，"阳光男孩女孩决选"和"寻找身边的感动"等活动推出了自己的明星，创新发明让不少学生摘取全国性比赛奖牌。德育课程坚持成才先育人的原则，注重学生自主自律体验升华，实现了全员化、网络化、课程化的模块化管理。

2015年11月6日，株洲景炎学校一年一度的"英语学科周"拉开帷幕，全体初一、初二学生，全体英语老师及热心家长参与了本次的活动。"舞林大会""K歌之王""玩转好莱坞""爱拼才会赢""英语趣配秀""背背佳"……一个个精彩纷呈的学科活动，在校园里刮起了一阵强劲的"英语旋风"。"英语趣配秀"中，一个个经典的电影片段在舞台上重现，一句句地道、标准的英语，使学生真正意义上告别了纸上英语，展示自我。"玩转好莱坞"分为七个教室，每个教室都播放着不同的好莱坞大片，吸引了大批美剧爱好者前来观看。"背背佳"活动以课本内必须背诵的文章为主题，旨在提高学生的记忆能力和词汇积累，突破自我。"猜谜专家""爱拼才会赢"以趣味英语猜谜和拼词为载体，旨在提高学生的英语感知和理解能力。

这样的课程，让学生在活动中体验英语学习的乐趣，并借此为学生提供一个锻炼自我、展示自己、张扬个性的舞台。英语学科组包科领导、活动负责人李群峰在总结中表示，英语学科周活动以丰富多彩的活动为载体，以创造浓厚的英语学习氛围为目的，丰富了学校"快乐学习，幸福成长"的教育理念，以学生的发展为本，突出了学科的特色，点燃了孩子的激情，有效地推动和促进了学校"生本教育"理念的进一步深入和发展。

英语学科周仅仅只是景炎学校课程图谱实施中的"冰山一角"，也同样印证了范希娟提出的"课程一切为了人"的理念。范希娟说，挂在墙上的仅仅是一张可有可无的课程表，只有让课程表接"地气"，才能成为学生真正的福音。不少学校课程建设的成果就是课程表上课程繁多，一应俱全，这样的课程是虚伪的课程。要让课程落地，必须摒弃功利性的课程观。

范希娟还认为，每个学生都是独特的、唯一的，每个学生对教育的需求也极具个性。所以，学校课程建设必须为每个学生提供尊重其个性的、能够使其更好发展的针对性教育服务。为此，景炎学校还创造性地实施多样化的特色课程，避免了课程设计"成就了不少学生，亦压抑了不少学生"的弊端。

对一所民办学校而言，课程建设至关重要。只有更好地满足学生的发展需要，建立起有特色的课程文化，凝聚学校的核心价值，才能实现高质量发展。范希娟以务实的态度建设了一套小而精的课程体系，时间已经证明，"适合的就是最好的"，近年来景炎学子显而易见的素养提升，便是这套课程体系成功的最好注脚。

第四章 创变

未来已来,唯变所适。今天的范希娟,不仅是一校之长,也承担起了更多的社会责任。她眼中的未来,超越了工作,超越了学校,更超越了自我。人生尚未圆满,未来需要共创,景炎的故事仍待续写。

27 红色景炎

2019年7月,景炎学校迎来了一场特别的活动。为引导全体党员"不忘初心、牢记使命",进一步坚定理想信念,景炎学校党总支召开了纪念中国共产党建党98周年暨"七一"表彰大会,组织了给全体党员送书、唱红歌、结对帮扶等丰富多彩的主题党日系列活动,向党的98岁生日献礼。

"之前还在想着买这本《习近平的七年知青岁月》,没想到,党总支给我们每位党员送了自己想要的书,太好了!"在景炎党总支组织开展的2019年"我和我的祖国·书香景炎"红书包阅读活动启动仪式上,景炎学校每位党员都拿到了自己喜爱的红色书籍。

"如今'学习强国'内容越来越丰富,新闻报道实时更新,在App上面看新闻、看视频、听音乐已经成为我的日常习惯,这不是任务,也不需要人监督。"作为2019年荷塘区教育系统"优秀共产党员",樊炼军总是带头坚持参加党支部的各项学习活动,在繁忙的工作之余,不仅"学习强国"积分总是排名第一,而且他还将自己的学习经验分享给其他党员同志,成为大家学习的表率。

"红军不怕远征难,万水千山只等闲……"7月5日,一首气势磅礴的《七律·长征》拉开了株洲市荷塘区教育系统"庆祝建党98周年红歌嘹亮颂党恩"歌咏比赛的序幕,该节目就是景炎学校党总支经过近20天排练浓情献演的合唱节目……

这样的党员活动开展得如火如荼，既不是心血来潮，也绝非搞形式主义，而是近年来景炎学校一以贯之的"常态动作"。

2016年，时值中国共产党成立95周年、红军长征胜利80周年之际，景炎学校党总支组织全体党员同志参观湘乡市东山书院、曾国藩故居，开展"廉洁自律争做合格党员，公诚勤俭弘扬书院精神"的"两学一做"活动；2018年，景炎学校党总支举行"景炎红色朗读者"七月党日活动，鼓励党员借鉴央视节目《朗读者》的形式讲述"我是谁"，在不同的工作现场亮出党员身份，展示党员担当，鼓励党员讲讲入党初心；也鼓励党员选择歌颂党的经典诗歌、文章进行诵读。

在景炎学校，党建工作是范希娟主抓的重点工程之一。学校党总支书记刘坚华说，景炎学校注重党员干部素养的培养，注重经典传承，倡导党员用实际行动塑造合格党员形象，在工作和生活中以责任和担当诠释合格党员的力量。全体景炎人把学习成果转化为提升党性修养、思想境界、道德水平的精神营养，做到真学、真懂、真信、真用。

一所民办学校为什么如此重视党建工作？范希娟在一次学习会上道出了其中的缘由。

在一次分享党的十九大精神学习体会时，范希娟说，作为教育人，我们要关注党的十九大报告中的一个重要思想，就是加强党对一切工作的领导。学校作为一个国家的文化思想阵地，应该听令于中央，时刻与党中央保持一致。民办教育是国家教育事业的一个重要组成部分，一所民办学校要走得高远，就要具备家国情怀，就要坚持党的领导，就要时刻牢记党的教育方针，把立德树人的事情做好。格局高，方向对，才能走得好、走得远。

正是因为看到了党建工作的重要性，景炎学校董事会在立校之初就摒弃功利思想，在民办学校中率先成立党支部，坚持发挥党支部的凝聚作用和引领作用，坚持"学生第一，社会效益第一，为学生的终身发展服务"的原则，坚持立德树人的教育思想，全面实施素质教育。学校也因此先后获得省民办教育特色实验学校、省级文明卫生单位、省党建促工建先进单位、湖南省校务公开先进单位、株洲市民办学校优秀学校、株洲市基层党组织示范点等一系列荣誉称号。

"党建工作从来不是搞花架子，而是有温度的行动。从教育的角度讲，党建就是人建，就是文建。人建就要立足于人情思考教育，立足于人性从事教育，立足于成人和成才做好我们的教育。文建就要立足于精神引领，立足于人文关怀，立足于文化建设。"在范希娟看来，民办学校党建工作必须找到实实在在的抓手。"党建做实了，出生产力；做细了，出凝聚力；做强了，出学校发展的竞争力。"

做有温度的党建，景炎学校首先从宣传正能量入手。学校以学习工程为载体，以师德师风建设为中心，开展了系列活动，加强教师队伍建设。每年开学全体教师大会都会开展教师"爱的誓言"宣誓，营造一种向上的力量。

做有温度的党建，景炎还从狠抓学习入手。学校建立了支委会议、党员大会、行政干部专题学习、教研组学科组长学习、全体教职工等多个层次的立体学习网络，提高教师党员政治思想素质和教育教学专业素质。

从2007年起，十多年来，学校党总支坚持编辑《景炎党建》内部刊物，并先后开辟校园网党建专栏、党员微信群等各种宣传阵地，深入开展贯彻落实党的方针政策宣传和校内外先进模范事迹宣介。2019年7月，景炎学校邀请了株洲荷塘区教育局党委委员、副局长李挺美向党员作了《文化自信——中华文化的价值取向与当代意义》的报告。李挺美引导景炎广大党员一起回顾党的辉煌历程，学习近代以来的中国历史，研习博大精深的中华优秀传统文化，全体党员受益颇多，进一步坚定了"四个自信"。

做有温度的党建，景炎还从树立典型入手。"一个党员就是一面旗帜"，从2004年起，他们一直坚持开展党员示范岗活动，每个党员每月自愿捐赠10元建立景炎党员爱心基金，帮贫扶困……

这样实实在在的行动数不胜数，而党建工作落到实处，也收获了沉甸甸的果实。

2019年6月13日中午，景炎学校行政后勤支部刘坚华、李季、樊炼军等6名党员开着装满爱心物资的车，来到了株洲市五中，参加2019党员"爱心送考"活动。此次活动，也是4月下旬景炎学校与市五中开展"公民共建"活动以来的第二次帮扶活动。助人为乐是中华民族的传统美德，助力中考也是全体景炎党员内心的渴望。在会议室，刘坚华书记等仔细询问孩子们的中考、会考备考情况。他说："中考、会考、期末考试就要来临，我们来看望你们就是来为你们加油鼓劲的，特别是初三的同学们，三年的刻苦努力学习不容易，中考前几天就要查漏补缺，调整自己的心理状态。你们要相信自己的实力，相信知识可以改变命运。"

株洲市五中401班的江涵梦同学说："感谢景炎学校的老师们在百忙之中抽出时间来看望我们。马上就中考了，我们一定不会辜负你们的期望,勤奋学习,努力调整自己的心态,争取最优成绩。将来我们也会向你们学习,回报社会,奉献社会。"

范希娟欣喜地看到,在学校的各项工作中,党员先锋总是走在前列;在各种困难任务面前,党员干部总是一马当先。党员这一群体已经成为景炎学校的一支"精锐之师",他们能打仗,肯吃苦,真正发挥了党组织的战斗堡垒作用和党员干部的先锋模范作用,努力办好让人民满意的教育,使学校党建和教育教学工作跃上了新台阶。

28　跨越 500 公里的精准扶贫

从株洲到怀化,将近 500 公里,开车或者坐火车大约需要五个小时。最近三年,景炎学校的骨干教师频繁往来于两地,他们的共同任务就是帮扶一所山区学校。

2018 年 12 月 15 日,景炎学校一场名为"景炎杯"的课堂教学竞赛决赛正在如火如荼地开展。这原本只是一所学校的内部教研活动,却吸引来自湖南醴陵、永州、茶陵、新晃等地的不少教师专程赶来。尤其是新晃县禾滩中学的学校全体教师悉数到场——这其中不仅有他们求知若渴的期盼,更有对景炎学校感恩的情愫。

故事还要从 3 年前说起。2016 年 5 月,为响应党中央精准扶贫的号召,景炎学校等 6 所"长株潭地区"的优质民办学校校长在新晃县进行了为期两天的结对帮扶调研。随后,株洲景炎学校与当地的禾滩中学签署合作协议。

"扶贫不能走过场,不能搞形式主义,要给当地学校带来真正的干货,让他们学到实实在在的东西。"范希娟说。

就在协议签署的当天,范希娟第一时间赶到禾滩中学,连饭都没顾上吃就跑到学校宿舍、食堂、教室等地仔细察看,并与禾滩中学相关负责人深入交流,就德育、教学、管理等问题反复进行交谈。

在摸清禾滩中学的"家底"之后,范希娟开始谋划帮扶举措。她梳理了禾滩中学既有的优势：校园干净整洁，学生礼貌待人，老师敦厚淳朴敬业奉献。同时她也明确了自己的努力方向：立足校情，大胆创新；明晰禾滩中学未来发展规划，明确精准的办学定位和价值取向；做好充分的调研，挖掘本土特色，适当开发校本课程，丰富校园生活，让孩子喜爱校园，快乐生活。

禾滩中学近60%的学生是留守儿童，其中有82名贫困学子。学校师资力量薄弱，文化建设几近空白，管理上也存在诸多漏洞，长期得不到解决——这次帮扶，能起到作用吗？禾滩中学校长姚茂伟心里直打鼓。

"未来3年，景炎学校将提供专项资金对禾滩的优秀教师进行奖励，会加强对禾滩中学教育教学引领，会组织教师到景炎学校进行培训，强化两校教师间互访，实现资源共享。"范希娟的一番表态，让姚茂伟心中升腾起了希望。

让姚茂伟感触颇深的是景炎学校"惊人"的行动力。仅仅半个月后，范希娟就派出6名教学骨干送课到禾滩中学。

2016年5月30日，景炎学校专家团队一行6人在刘坚华书记的带领下，来到新晃县禾滩中学，揭开了教育扶贫的序幕。此次送课下乡活动，景炎学校高度重视，进行了数次研讨。范希娟专门针对禾滩中学情况把关制定了三年结对规划方案，从核心价值、环境文化、师资队伍、课程体系、特困帮扶等方面进行了多角度、深层次、全方位的建构。

一个多月后，禾滩中学管理人员应邀参加景炎学校管理团队举办的为期5天的培训活动。时隔不久，景炎学校再次外派教育教学管理研发团队到禾滩中学进行深入交流和精准帮扶……

外教口语课、语文课、数学课、生物课等让禾滩中学师生耳目一新，教师幽默风趣的语言、层层递进的启发式教学也激发了学生的兴趣。新晃县第一中学教师蒲师圣旁听了这些课后很激动，他说："景炎学校以学生为本的理念很先进，教师课前准备充分，他们通过鼓励、评价等各种方式激发学生，将学生发展落在实处，这在乡村中学是绝无仅有的。"

舒丽君是禾滩中学英语教师，她表示，过去自己给孩子上课就是讲授课本知识，教学模式很单一，学习景炎学校的生本课堂后收获良多。

这样的扶贫之举，姚茂伟用"天上掉馅饼"来形容。他表示："景炎学校全新的教学理念让禾滩教师开阔了视野，更新了观念。"禾滩中学规模较小，每年毕业班仅有五六十名学生，自从接受景炎中学的帮扶后，每年高中升学率都达到70%以上。

2018年11月30日，景炎学校三年倾情帮扶禾滩中学主题教研活动暨教育对口帮扶成果展在禾滩中学进行。禾滩中学的孩子们穿上侗族节日的盛装，吹奏起芦笙，唱起侗族大歌，脸上绽放着灿烂的笑容。

三年帮扶，故事太多。景炎学校帮扶团队6次深入禾滩学校指导，4次邀请学校老师和管理团队来校学习，从人力、物力、财力上持续投入，从校园文化打造、课堂教学、小组建设等方面对禾滩中学给予帮扶，通过送课到校、资助特困生、设立教师发展基金、加强教师专业培训等手段，开展全方位的帮扶，探索出了精准帮扶的"景炎模式"，树立了民办学校扶持公办学校的典范。

三年里，60余万元硬件资金的无私支持，专家队伍技术内涵的有力支撑,使禾滩中学办学水平节节攀高,教师课堂能力迅速成长,学生综合素质明显提升,极大促进了禾滩中学的发展。三年来,禾滩中学的教学质量显著提高,2016年毕业会考跃居全县第二名。校长姚茂伟说:"自景炎学校与我们结对帮扶以来,学校年年都有变化,师生们脸上的笑容多了。"

看到这样的成果,范希娟也很欣慰。

"作为一所民办学校,我们的办学宗旨是社会效益第一。作为教育工作者,不论身在公办学校还是民办学校,我们都姓'教',无论用什么方式都要把爱的教育传递下去。"谈及此次帮扶,范希娟动情地说。

29 "三真"代表范希娟

在株洲教育圈享有盛誉的范希娟，思考的不仅仅是独善其身，她还一直在努力做好一个发声者，为社会民生问题鼓与呼。作为景炎学校的校长，范希娟还有一个社会身份——株洲市人大代表。因为秉着"真心、真意、真性情"为民发声的一贯行动，范希娟被称之为"三真"代表。

教育是范希娟关注的主要领域。"人民选我当代表，我当代表为人民"，范希娟一直在践行这句诺言。作为一名基层人大代表，她既关心景炎的未来发展，更关注株洲教育的整体提质。她说："搞教育没有终点，唯有在追求高远教育的道路上逐梦前行；为民履职没有休止符，唯有牢记使命，在扎实履职的道路上不断前行。"

2018年，为了获得第一手资料，范希娟先后走访调研株洲北师大附属中学、景弘中学等8所民办学校，了解一线教师对民办教育的看法，了解学校在发展中遇到的问题；同时走访市教育局、市财政局、市人社局等单位，掌握真实数据，了解株洲民办教育发展现状。她先后多次主持召开会议，收集意见建议，探索优质教育发展路径。通过前期扎实有效的工作，范希娟最终撰写出了《关于促进株洲市民办教育良性可持续发展的调研报告》，并提出许多可行的建议。

比如，广大株洲民办教育工作者普遍关心的一个问题是，按照政策要求，当年以支持民办教育发展的方式进入民办学校工作的教师，都要被"清退"，这样必将导致民办学校骨干流失、发展受阻。

范希娟表示，相较于民办学校，公办学校的师资力量更雄厚，享受的政策支持更多，而民办学校想要获取优秀的教师资源比较难。而且，株洲公办、民办学校之间的人才流动壁垒没有被彻底打破，逐渐导致教育发展的不均衡。

"教育不均衡的最大受害者是学生，学生享受到的教育资源不平衡，最终会导致教育发展的失衡。"范希娟说。

范希娟建议，试行公办、民办教师资源的互通，通过出台相关政策，鼓励公办、民办学校间加强交流，淡化编制对教师的限制。此外，范希娟还建议市级财政统一规划，均衡各区、各县、各乡镇的教育资源分配，"按需分配"资金。

这样为教育人发声的案例还有很多。

多年来，景炎学校一直积极对相对弱小的学校进行帮扶，仅2018年一年就组织骨干教师到云龙示范区云田中学做教学视导，免费接纳株洲市五中毕业班学生到景炎就读，并安排骨干教师进行义务辅导；同时邀请兄弟学校老师来校交流学习。来自永州德雅学校、新晃禾滩中学、醴陵青云学校、茶陵世纪星学校的老师和校长培训班学员成了景炎学校的常客。范希娟在接触农村学校的过程中，看到了他们在发展中遇到的困难，一一记在心中。2019年株洲市人民代表大会召开，范希娟准备了关于促进农村教师专业成长的建议，比如，相应提高农村教师的待遇，为农村教育的发展留住人才。另一方面，她希望能通过民办学校和公办学校的合作，建立专业的师资队伍，为农村教育输送人才。这样的建议，深受农村教师的欢迎。

鉴于目前有不少家长不清楚如何进行科学育儿，关于家庭教育，范希娟也有自己的想法。"教育要搞好，必须是家庭、学校、社会三方合力，而家庭教育应占主要地位。"范希娟建议，构建家庭教育平台及机制，让广大家长学会如何正确教育、引导孩子。

在议案中，范希娟希望相关部门能统筹管理、搭建平台、建立机制，对家长进行系统的课程化的育儿培训；或是成立家长大学，让家长参与到培训当中。范希娟认为，家长在通过专业的培训后能更好地找到合适的方法来正确引导孩子成长。"国是由家组成的，只要家和谐了，孩子成长了，家庭就幸福了。"范希娟说。

范希娟常常告诫自己，作为市人大代表，必须要有大格局思维，应该站在株洲教育整体提升这个高度去思考自己的履职定位。只有这样，才无愧于人大代表这个光荣称号。范希娟一直坚持为民代言，关注社会热点、难点问题，认真开展调查研究，积极建言献策，因表现突出，被评为2018年度株洲市十五届人大代表履职积极分子。

"人民选我当代表，我们要有一颗真心，真心为民，要有一份真情，真情为民呼唤，要有一份真性，敢说真话！"这是范希娟的真实心声。

30 范希娟的语言魅力

善言者，口吐莲花；善言者，言而有度。

范希娟的善言成了她的一张名片，认识她的人都会对她的口才印象深刻。《湖南教育》杂志社记者李统兴曾这样概括范希娟的表达力：她有思想，善表达。她那极具亲和力且透露真诚的嗓音以及敏捷的思维，能让书面上的文字一个个活蹦起来，与现实中活生生的例子一起，构成极富感染力的演说旋律。

笔者参加过景炎学校的几次会议，现场感受了范希娟讲话的魅力。她的确是一位即兴演讲的高手，而她的激情通常又能充分渲染她演讲的感染力。李晋是景炎学校的创业元老，她很佩服范校长的讲话水平，"她的每一次演讲都那么有感染力，总能给人以鼓舞和力量"。

表达能力强的人通常更具有感召力，更容易获得团队的信任和追随。范希娟就是这样。当年株洲市二中的一批年轻同事愿意追随她走进景炎，与她超强的说服力有很大关系。

范希娟的说服力是压倒性的。

在最艰难的时候，她说服了市政府的领导，最终为学校找到了一个过渡的校园；在最无助的时候，她遇见并说服了企业家潘长海，为景炎的后期发展找到了一个负责任的投资商。

其实，这种说服力的背后是她的真诚和做事情的能力。没有这些做基础，仅凭嘴上功夫无法产生我们所描述的那种力量。

范希娟的演讲魅力，首先源于她个人强大的气场，这绝非一般所谓"演讲技巧"之类的课程所能教授的。当她站在台上，未及开口便能让人感受到无形的力量。在严肃的场合仿佛岳峙渊渟，在一般性的场合则优雅随性，风格或激情或温婉，她总能恰到好处地把握尺度。

与"气场"相得益彰的是，范希娟的演讲往往能推陈出新，不仅"有干货"，而且能"一语中的"。和一般照本宣科的演讲不同，范希娟在每一场不同主题的演讲中，几乎都能稳切主旨，体现专业性，并直抵人心。

让我们一起来感受一下范希娟的语言魅力——

2019年7月毕业季，范希娟做了题为《拥抱与众不同的自己》的演讲：

> 今天的毕业典礼是你们完成初中学业的一个隆重的标志性仪式，也是你们向母校的一次正式告别。这几天我总是彻夜难眠，一方面是因为难舍之情，你们是我二十年校长生涯中第十八届毕业生，我的脑海里总是浮现你们三年成长的各种场景：炎陵社会实践的天真嬉闹，告别金色童年时的歌声嘹亮，主题运动会上的天才创意，湘江毅行路上的互相鼓励，翻越逃生墙那一刻的生死相依，万米接力场上的声嘶力竭……所有的一切，你们都是主角，是你们导演了最具观感的青春情景剧。你们，真的很棒！
>
> 这段时间，网络上都在晒各类学校校长的毕业致辞，我也在想，这次致辞该怎样才能够与众不同。我想没有必要晒华美文章，更没有必要晒与众不同的更深邃的思考，我想，我的致辞如

果能有与众不同的地方，那只能来源于你们的与众不同，于是，我在想，我们景炎学子有哪些与众不同呢？

第一个与众不同是景炎学子永怀初心。

初心在哪儿？在于你们对家人、对师长、对朋友、对同学、对生活、对国家、对民族，以及对祖国大地那份深深的爱，你们有一颗感恩之心，有传承"大学之道，在明明德，在止于至善"的初心。我期望所有毕业的景炎学子永远记住并深刻理解景炎校训中的"明德"二字，立德修身，以德行走天下。

第二个与众不同是景炎学子的至真精神。

事理在求善，学理在求真。《黄帝内经》一书中说："道无尚谓之至，理无妄谓之真。"至，极也。真，精微也。景炎学子，立言立行，自强不息，脚踏实地，做真人，求真理，学真知。期望你们永怀至真的精神，勤学好问，勇于探索，善于思考，敢于质疑，去开创更美好的未来。

第三个与众不同就是景炎学子的日新姿态。

《大学》说："苟日新，日日新，又日新。"君子之学必日新，唯日新者才日进。我希望每一个景炎学子永怀谦卑心和敬畏心，在与时俱进中行成于思，在开拓进取中立异标新。每天追求进步，每天都是新的自我，以创新思维和全新视野，去追赶未来。

第四个与众不同是景炎学子"拿得起、放得下"的洒脱。

中考答卷你们已经完成，不管结果如何，都不会阻碍你们走向远方的脚步。中考只是一道坎，不是一道沟，中考试卷只是一张纸，未来人生才是一幅画。无论你们在哪所高中就读，都是梦想再次生长的地方。人生比拼的关键,不在于现在从哪里出发,而是未来你想到达哪个美丽的地方。所以,我希望你们把中考结果轻轻地放下,不骄狂,不气馁。"雄关漫道真如铁,而今迈步从头越",不去纠结,高歌一曲,让生命在未来张扬。

2019 年 5 月 4 日,景炎召开首届最美年轻教师表彰大会,范希娟勉励全校年轻教师开创"奋斗美、成全美、陪伴美"的绚丽人生。那一天,她谈道:

人生何时不青春?今天在座的各位,有的把青葱岁月当作一种缅怀,有的正在享受青春之绚烂。过去已过,未来已来,蹚过了青春之河的我,想借今天这个机会,谈几点青春感言:

一群最美的年轻教师,耕耘在景炎这片最美的沃土上,你们的卓越劳动,美丽的不仅仅是这个春天,不仅仅是这个青年节,更是景炎奋勇前行的开拓创新的每一天。

用一个高尚的灵魂去感动另一个正在生长的灵魂,引导孩子用纯正的眼光去看待人生与世界;用精湛的专业技术构建引人入胜的课堂,帮助孩子在知识的殿堂里变得越来越富有……年轻教师的使命不仅仅是奉献,更多的是成全,在成全孩子的同时,你的教育生命始终永葆年轻。

古人云:"得其大者可以兼其小。"学校和老师彼此融合成了一个命运共同体和幸福共同体。多年来,景炎为每个青年教师搭建了自我挥洒的平台,年轻教师也用一个又一个的惊喜回馈学校。

世界那么大,谁都想去看看,这是人性固有的浪漫;世界那么大,风景这边独好,你的坚守与陪伴,又将创造美好的风景,这是何等的唯美与幸福。陪伴自己本真的心去慢慢回味,陪伴奇迹从一个起点走向另一个起点,真的很好。

在未来的日子里,景炎将继续为每一位景炎人搭建一飞冲天的舞台,希望每一位景炎人眼中有目标、心里有阳光、脚下有力量,常怀感恩心,胸存景炎情,砥砺奋斗,相约青春,向美而行。

2019年2月22日下午,3000余名师生及家长聚集一起,举行了景炎学校2019年春季开学典礼。范希娟校长做了主题为《向着希望快乐奔跑》的新学期致辞:

时光就像一个神奇的预言家,在见证了硕果盈枝的景炎2018之后,又意味深长地预测着放飞希望的2019。

2019年是景炎人温馨的再次相聚,相聚在一段岁月的记忆里,相聚在一份事业的坚守里。

2019年是景炎20芳华,是景炎人齐步走、跑步走、风雨兼程20年的当口,更是新期待、新荣耀、新希望、簇簇鲜花眺望校庆20周年的窗口,预示着景炎教育又将迎来一个姹紫嫣红。

2019年是新中国成立70周年,中国声音、中国力量、中国创造又将震撼全球。家之温暖、国之富强,必将让2019裹一身家国情怀,让我们带着梦想、向着希望快乐奔跑。

春节期间,一部科幻片《流浪地球》引爆全球票房,我的观感是，这部电影的价值在于让我们带着希望活着。正如《流浪地球》原著的作者刘慈欣说："……在宇宙中是叫不到救援的，这是一场体现人类精神的比赛……听着亲爱的，我们必须抱有希望……希望是这个时代的黄金和宝石，不管活多长，我们都要拥有它。"

是的，希望是引导人们走向成功的信仰，是人生奋斗的目标，是实现理想的翅膀，是平凡生活的小小期待，是攀登者的拐杖，是生命之舟的原动力，是补充能源的加油站。我们因希望而生活，世界因希望而多彩。

希望是人生路上不可缺少的。尼采说："强烈的希望是人生中比任何欢乐更大的兴奋剂。"赫尔巴特说："希望是贫者的面包。"泰戈尔说："要学孩子们，他们从不怀疑希望。"普契尼说："希望是支撑着世界的柱子，希望是一个醒着的人的美梦。"我要说："希望是对未来荣耀的某种期待。"初三学子即将迎接中考，这是艰辛之旅，更是希望之旅，在艰辛与希望交错的旅途中，每一段都刻着一块里程碑。只要留下拼搏的痕迹，这块里程碑就具有成长的希望。我希望初三的同学们在权衡之后，心里能疯长起"奋斗便腾飞"的力量。愿你们播下希望的种子，洒下耕耘的汗水，收获丰硕的果实。初二和初一的同学们，你们的路还很长，但请别放慢奔向希望的脚步。愿你们用纯正的品格、家国情怀和世界眼光去走好每一步，路走对了，就不怕遥远。

亲爱的老师们，"青山元不动，白云自去来。"愿你们把生活融入希望，把每一堂课当作是放飞希望的起点。但丁说："对一切人们的疾苦，希望是唯一廉价而普遍的治疗方法。"我们无法回避喜怒哀乐、生老病死，但我们可以选择以希望去面对。"白日不到处，青春恰自来，苔花如米小，也学牡丹开。"希望对每一个人都是公平的，她的一半在你的手里，另一半在上帝的手里。你一生的希望就是：用你自己的一半去获取上帝手中的另一半。

了解一位校长教育思想的最好方式，就是看他在演讲中经常分享什么。有人说，"普通人用嘴巴讲话，聪明的人用脑袋讲话，智者用心讲话。"范希娟当属于用心讲话的智者。透过她的演讲，你能感知到一个充满激情、智慧和真诚的范希娟。

比如在"景炎杯"现场竞赛课后的讲话中，她通过观摩了6堂形式多样的竞赛课，敏锐地从课堂的有效性、时代性、科学性三个方面回答了"景炎需要什么样的课堂"。这样的讲话既从课堂中来，又超越课堂成为方法论，具有理论上的高度，因而她能令大众服膺。

故事是最有温度和说服力的，在许多不同的场合，范希娟喜欢在演讲中讲故事。比如在2016年的开学致辞中，范希娟作《不吃苦，你要青春干什么》的讲话，她动情地讲了马云创业的故事，讲了"中国女排"的故事等等，形象而贴切地说明了读书的重要性。对初中生而言，这样的演讲更容易入脑入心。在一场英才奖学金颁奖典礼上的讲话中，她引用了子路借米孝敬父母、韩信"一饭千金"等典故，巧妙说明了感恩是中华民族的传统美德之一。

范希娟的演讲能打动人，还在于她善于鼓舞人心。她会用一连串的发问令学生动容："我亲爱的景炎学子，请不妨慢慢回忆：你的成长路上，除了你，还有谁呢？谁给了你可爱的生命？谁与你共欢笑共悲伤？谁与你相守周一到周末？同学们，不用回答，你们心中一定有答案。"她还会时不时"冒出"许多经典的语句，让人"过耳难忘"，比如："如果老天善待你，给了你优越的生活，请不要收敛了自己的斗志；如果老天对你百般设障，更不要磨灭了对自己的信心和奋斗的勇气。"这些文采斐然的却又充满激情的语句与她抑扬顿挫的语调相得益彰，总能产生极佳的效果。

范希娟还善于在演讲中引经据典，信手拈来，却又恰到好处。即便是在演讲的开头表达欢迎的意思，她也能翻空出奇。"花径不曾缘客扫，蓬门今始为君开""十月江南天气好，无限冬景似春华""春风贺喜无言语，排比花枝满杏园"等诗句常常在各种场合自然涌出，却很少雷同。至于演讲正文，关于古典文学的旁征博引更是屡见，她用"非学无以广才，非志无以成学"来劝莘莘学子多加努力，用"阳春布德泽，万物生光辉"这样的诗句来形容当下我国的民办教育事业，用"美哉我少年中国，与天不老；壮哉我中国少年，与国无疆"来激励景炎学子为理想而奋斗……

这样的演讲，打上了鲜明的"范希娟色彩"，让人叹为"听"止。

31　向企业家学习

2019年8月29日上午,景炎学校召开新学期教职工大会。

与往常一样,会议的仪式感很强。全体教职工齐唱国歌、校歌,并诵读了《爱的誓言》。

校长范希娟的"开学第一讲"通常与精神有关。这一天,她的主题是"学习华为精神"。

"2019年7月31日,华为举行'千疮百孔的烂伊尔2飞机'战旗交接仪式,看到这架飞机,我百感交集。'没有伤痕累累,哪来皮粗肉糙,英雄自古多磨难',这架特别的飞机揭示的哲理何其深刻!华为老总任正非在交接仪式上说:公司有信心全面补好'烂飞机'上的'洞',承受美国的打压。华为这个'二愣子'经历一个全球最强大的国家机器的疯狂打压还没有死,活下去就是胜利。任正非淡定的气度和深刻的思考无不令人钦佩。华为的成长,华为的荣耀,华为的苦难,华为的坚韧,乃至华为的今天,与我们的景炎何其相似!景炎20年的发展之路,是一条永不放弃的坚持之路,更是一条打不烂、压不垮的坚强之路。景炎的成长历程,彰显了景炎人不惧风雨自信满满的精神人格。今天,走过20年的景炎,不再是为了生存,而是走向高位和特色发展。"

她接着说:"当华为遭遇困境的时候,任正非认为,华为公司就是在炼钢,全体华为员工就像铁矿石一样,要经过烈火的煎熬,去掉渣滓,变成钢材。公司要称雄世界,注定是一条坎坷的道路。我们补好了'洞',又开始恢复前进的步伐。我想,每一位景炎人都应学习华为精神,同声同气,百折不回,自信满满,打造一支迎接胜利的钢铁队伍,去开创景炎的美好未来。"

开学第一讲,范希娟显然做了精心的准备。平时,范希娟对任正非的发言就格外关注。在回答普斯特问卷时,范希娟将任正非作为"还在世的最佩服的人"。她钦佩任正非"对民族有大爱、对国家有担当、对社会有奉献、对弱小有尊重、对使命有忠诚、对传承有责任"的精神。

景炎学校校长助理、教师发展中心主任李川柏一直跟随范希娟校长,负责学校重要材料的起草。他发现,范校长作为管理者一直在向企业家学习管理,在平时的讲话中习惯于引用一些企业家的观点。比如,她常用华为任正非的忧患意识提醒景炎团队,"要时刻为景炎的冬天准备棉袄"。

关于战略,任正非有一个说法:"战略,战略,关键是在略,没有舍弃、没有放弃就没有战略。"关于组织变革,任正非认为,不应当用组织变革掩盖管理的低水平,用调整组织代替管理能力的提升。但反过来说,如果把管理的低水平看作组织成员问题解决过程和理性选择的现实特征的话,那么改变组织结构,使之简化,以适应管理水平的现状,又往往是唯一可行的解决方案。

这一点对范希娟启发很大。从 2011 年开始,景炎学校率先引入专家进行管理的诊断与升级,遵循组织结构向扁平化转化、管理重心下移、教学和德育整合三个基本原则，重塑学校管理架构，实现科学、专业、简单、高效的管理目标。

每一所学校在发展过程中都遭遇着"成长的烦恼"。每每遇到问题尤其是宏观战略和管理问题的时候，范希娟总会从她喜欢的企业家身上寻找灵感。

"教育人不能仅仅在教育内部思考问题，还要不断看看窗外发生了什么。"范希娟说。

当笔者问道："除了任正非，您还关注哪些企业家？"她说："还有马云、董明珠，我都比较关注。"

范希娟的学习圈从来没有局限于教育内部，在笔者与她交流的过程中，她经常会谈到任正非、马云和董明珠等企业家的理念。

通常，人们总会不自觉地陷入自己专业的深井不能自拔，有时候终其一生都不愿意看看山外的风景。范希娟则一直通过关注企业家的经历和管理理念来改造学校管理。"今天流行的说法叫跨界，我认为跨界学习是很有必要的，我们不能屏蔽圈外的声音。"

范希娟从企业家身上汲取了很多带队伍的智慧和实干家的情怀。

2019年9月10日，阿里巴巴集团20周年年会举行，这一天，马云宣布正式退休，并进行了卸任演讲。范希娟在参加完学校的教师节表彰大会后，回到家里，在手机上详细阅读了马云演讲的全文和创业的经历。那天晚上，从马云的故事聊起，她与笔者在电话里聊了一个多小时。

马云退休后告别商业，会转身专注教育和公益。此前，他已经创立了云谷学校。他理想的教育是"慢慢给孩子们启发、激励和滋养，让他们多体验、多尝试，多一些社会公益和环保意识，而不是一味培养他们如何去应试，而是让他们有'三创'意识"。在马云看来，未来的数据时代，人类和机器竞争就靠三样东西：创意性、创新能力、创造性。"我相信马云创办的这所学校会给中国的教育注入一股新的力量。"范希娟坚信这一点。

谈到董明珠，范希娟身上的确有不少与董明珠相像的地方。人称"董小姐"的董明珠，无论走到哪里，都能成为他人眼中最具有话题性的人物。范希娟虽然还没有这么高的关注度，但她是典型的自带亮光、照亮他人的人。

据说，董明珠也建立了一所格力学校，是一所公办小学，与格力电器园区相邻。学校以"格物致知，力行近仁"为校训，以"学格力精神、办品牌学校"为办学目标。

董明珠的一些教育观点，同样影响着范希娟。作为全国人大代表，董明珠曾谈道："我教育儿子，不是以'铁娘子'身份来面对，而是用一个母亲的温柔。""最好的母爱是帮助他塑造一个能面对任何挫折和困难的坚强性格，培养他独立生存的能力，让儿子学会自己去判断，而不是一切听从父母的说教。"

在范希娟看来，他们都是真正的企业家，他们具有企业家的精神，已经不再是为一个人奋斗，而是为一个群体，甚至为一个国家在奋斗。

在范希娟眼中，任正非和马云这两个人都在为教育鼓与呼。任正非在接受央视采访时曾说："中国将来要和美国竞赛，唯有提高教育……我认为最主要还是要重视教师……只有教师的政治地位提升，经济待遇提升了，我认为才可以使教育得到较大的发展。"他还曾引用一个说法来呼吁对基础教育的重视："一个国家的强盛是在小学教室的讲台上完成的，教育是最廉价的国防。"

"我觉得他们是有担当的人，有家国情怀的人。"范希娟也以此来要求自己办"有责任、有大爱"的教育。

"企业家都能有这么大的格局和胸怀做事情，我们教育人为什么不能？我们不能一直匍匐着前行，如果我们还不能站在孩子成长的角度，站在人发展的角度来思考教育，那就太狭隘了。"范希娟说这话时明显有点激动。

"社会和家长给予了景炎莫大的信任。景炎一定要像华为公司一样，永远不甘平庸。"范希娟希望正处在快速发展期的景炎能以"华为"为榜样，逐步成长为一个影响全国的教育品牌。

32 范希娟不相信奇迹

景炎学校创造了太多奇迹。但范希娟不相信奇迹。

曾有当地的记者问范希娟:"你认为景炎是否创造了民办学校发展的奇迹?"

"真的不是!我只是在遵循教育规律和孩子成长规律来做教育而已。"范希娟说。

在电影、电视剧里,我们经常看到一些场景:主角在无意间做了一件好事,然后带来连环好运。例如在面试中,看到地上有不干净的垃圾,顺手清理了一下,然后被董事长之类的"大腕"看到,随后被录取。诸如此类,我们都可以称之为奇迹。然而,在人生旅程当中,奇迹真的会如影相随吗?

范希娟的回答是:人生,没有奇迹。如果有奇迹,奇迹就等于自我救赎和不忘初心。

范希娟讲过"鹰的重生"的故事。老鹰的寿命有 70 岁,这是个奇迹,但奇迹是如何发生的呢?当一只鹰活到 40 岁左右,它的喙会变得弯曲、脆弱,它的爪子会因为常年捕食而变钝,双翅的羽毛也会粗大沉重,不再能自由飞翔。这个时候,鹰有两个选择:一是回到巢穴,静静等死;一是通过 150 天的漫长煎熬,获得重生。如果一只鹰选择了重生,那么它必须要艰难地飞到山崖顶端,在那里筑巢,然后要忍着饥饿和疼痛，在岩石上日复一日敲打它的喙，直到旧喙脱落。等到新的喙长出来，老鹰必须更为决绝地用新喙将磨钝的爪子一个个拔出，直到长出新的、锋利的爪子。在这两件工作完成后，老鹰还要把那些粗壮而沉重的羽毛从翅膀上一根根拔掉，好让新的羽毛长出来。当这150天痛苦的历程过去，老鹰才能重新获得30年的生命，再次翱翔天空。

"要说老鹰身上有奇迹，那是历经磨砺、自我蜕变的结果。如果用一个等式来概括，老鹰的奇迹等于自我救赎，不忘初心。"范希娟说。

那么教育呢？范希娟从"鹰的重生"的故事中领悟到，教育没有奇迹，如果有奇迹，那么这个奇迹就等于使命担当和追求卓越。

范希娟看到，同在一所学校教书，有的老师带的班级班风正、学风浓、成绩优；有的老师接手新的班级，在短短的时间里，就会发生神奇的变化；同样是教书育人，有的老师深受家长信赖，深孚众望。

"表面上看这些都是奇迹，但是我们仔细分析就会发现：这些老师到校的时间比一般人要早，他们和学生在一起的时间比一般人要长，他们和家长的距离比一般人要近，他们对自己的要求比一般人要严，他们了解学生比一般人要深，他们对教育的理解比一般人要准，他们对学生的爱比一般人要真，他们对职业价值的亲近感比一般人要浓，他们的危机感和使命感比一般人要强……"范希娟说，这些人身上的教育奇迹就等于使命担当和追求卓越。

一所学校的发展，离不开兢兢业业、恪尽职守的教师。正是有了一群埋头苦干、克己奉公的教师，学校才能培养出一批批优秀的学子。在景炎的荣誉墙上，一个个忠于职守、尽心竭力的教师闪耀芳华。

深受学生喜爱的"激情教主"张欢姿，把每一件细小、平凡的事情都当作是第一次去完成。每次英语早读课，讲台上必然有一个精神抖擞的身影，站得笔直，就算是嗓子已经嘶哑了，依然激情澎湃、高声带领学生朗读。在她的眼中，每一个学生都是平等的，没有优劣之别。不抛弃、不放弃是她对学生的承诺。她对每个学生都极其负责，即使身心俱疲，仍会打起十二分精神。她会为基础差的同学面批，进行细致、耐心的讲解。她善于辅导个别学生，也擅于培养核心的团队，营造良好的学习氛围。

学生在给她的评价中这样写道："不计汗水地在每个日暮拼搏。从前我不懂，何为春蚕丝尽蜡炬凝泪，后来看见伏案的她身披霞光，方知一隅讲台可作沙场，一段粉笔可谱曙光。"

彭芬芳，家长、学生心目中的"彭大大"，从教19年，多次肩负毕业班教学工作，曾两次参加中考命题工作。其教学注重实效，课堂风趣生动，深受学生欢迎。担任班主任多年，多次被评为优秀班主任，所带班级班风纯正、学风浓厚、成绩优异。2017年，她所带的班以46个5A的中考成绩创造奇迹。

谦逊的彭芬芳老师坦言：班主任工作没有其他诀窍，工作走心是前提，凡事从学生的角度去思考，教育教学活动从学生的角度去设计，学生是一切工作的出发点，开心时和学生一起欢笑，郁闷时和学生一起流泪，在每个平凡的日子里和学生一起起早贪黑。用平凡赢得喝彩，用真诚赢得信任，用爱心赢得欣赏，用人格赢得尊重，努力将阳光的种子撒进每个孩子的心田。

"作为教师,在学生面前要展示最真实的自我。教育教人求真,作为老师,就不要做作,不要用虚伪的教育'忽悠'学生。做一个真教师,学生才会真心敬佩你,家长才会真心信赖你,同伴才会真心配合你。老师做的琐事都是小事,尽管平淡无奇,但有了真的成分,你就会真心为学生付出,真心把教育教学当作一件乐事。"彭芬芳说。

舍小家为大家的苏浪老师,接手1510班,通过家访、打电话把家长紧紧团结在一起,每天在家长群发一段寄语,勉励孩子激扬家长。每天7:30前到校,午休一直陪伴孩子在教室,晚上经常是饭都顾不上吃,跟孩子们谈心,走进了孩子的心里。所以,她带的班级中考屡创佳绩。

情系学生的蔡宁东老师,在中考送考时,在自己的两鬓刻写出"五A"两个字,他用这种方式表达了对中考优异成绩的强烈渴望。从接手这个班之后,他就倾注全部精力,无怨无悔付出,用陪伴和激励创造了班级超出"五A"目标五倍的奇迹。

回头看景炎办学20年的业绩,范希娟认为,学校从顶层设计、机制建设、执行力度、研究精神、保障激励、人文关怀、会考文化等方面下足了功夫。如果没有这些方面的努力与探索,何来景炎教育奇迹呢?奇迹的主宰是人,奇迹的背后是奋斗,奇迹的源头在不断超越。

范希娟居安思危,她看到了兄弟学校在变得更加强大,她告诫自己和全体教师:业绩已经成为过去,我们要理性思考我们的短板,不要让过去的成绩迷惑了双眼。在现有的基础上,更高更远才是我们不变的追求。要敢于打败自我,超越自我。当景炎人躺在"奇迹"上沾沾自喜时,那便是到了最危险的时刻。

"有些故事,没有岁月磨不出味道。很多过程,没有坚持到不了彼岸。景炎教育,没有付出与创新,就没有奇迹的发生。"范希娟期待着,因为有一群坚持梦想的人一起前行,景炎的教育奇迹会再次上演。

33 带着痛点思维回看与展望

2018年年初,在景炎学校的学术报告厅,范希娟又一次坐在主席台上做工作报告。

报告的结尾,范希娟语重心长地说:"每一位景炎人都要带着痛点思维去回看过去,因为总结是为了使景炎走得更远。"

所谓痛点思维,就是围绕痛点展开思考的思维方式,从感知痛点出发,循着痛点去治疗痛点的过程。痛点思维本质上是一种问题思维。痛点解决之前,它是问题,意味着不适、痛苦、抱怨、分歧或误解;痛点一旦解决,则意味着改进、优化、发展与提升。

"有问题不可怕,可怕的是,大家都掩盖问题、回避问题,都绕着问题走。若痛点成了盲区,若我们习惯性地忽视痛点、排斥痛点、回避痛点,总是绕道而行,久而久之,痛点就会扩散成痛区,恶化成毒瘤,最终成为阻碍学校发展的'不治之症'。"范希娟说,"问题是,你能感到痛吗?你知道痛点在哪里吗?你又是否愿意揭开那个痛点?"

在这次工作报告中,她直言学校教学中的痛点——

据第三方评价和课堂诊断数据来看,我们学校优质课达标的教师不到30%,那剩下的70%呢?前段时间,专家组对老师们进行了专业测评,没有人能达到首席教师的标准,相反却有不少老师的分数在600分多一点,转变成百分制就是60多分。在我看来,这就是我们景炎最大的痛点。我们的课堂多少是有效的?能不能达到高效?我们这么多年中招取得的成绩有多大成分是加班加点苦出来的、累出来的?我们怎样才能实现真正的快乐学习和快乐教育?这必须引起大家的高度重视。分数要和素养结合起来,成绩要和快乐结合起来,要加强学生学习习惯、思维品质、意志品质、心理品质引导,要研究课程、教材、方法,要通过科学的途径去追求真正靓丽的绿色数据。

这是范希娟第一次明确提出"痛点思维"这一概念。但实际上,这种问题意识、忧患意识范希娟一直都有。关起门来谋发展,范希娟从来不去刻意粉饰业绩,而是敢于自揭伤疤。"只有筛查到那些'带病的基因',找到阻碍学校发展的真正痛点,才可能找到改进的方向和空间。"范希娟说。

范希娟每一年的年度工作报告已经成为引领学校发展的风向标。从2006年担任校长起,范希娟每一年的工作报告是她最倾注心力的工作之一。每一年她都要亲自撰写报告,在总结成绩、规划工作的同时,从没有忘记过反思和检索痛点。直击学校发展的问题核心,是范希娟敏锐的洞察力的体现。

2007年是她主持工作的第二年。在工作报告中,范希娟痛斥了教师队伍中的不良现象。这一年,曾经有一名学生在作文中写道:一位老师在监考时,随手扯下班级的流动红旗擦拭自己要坐的凳子。学生在作文中非常尖锐地批评了这位老师。

"这值不值得我们深刻反思呢？景炎的教师必须注意自己的言行细节，不讲粗痞话，不乱吐乱扔，不在上课的时候接打手机。"范希娟再次重申了学校的规定。

关于教师工作作风的问题，2009年范希娟再次在全体大会上提出了警告——

> 要狠刹沉迷麻将纸牌之风。有的老师在家里开设麻将馆，经常电话邀约学校教师参加。听说景炎老师常去的一家麻将馆，最多时聚集我校的老师有20多人，有人戏称之为"景炎俱乐部"。这不是学校的荣誉，而是耻辱。学校将对这几个"据点"进行暗访，对经常出入麻将馆的老师进行批评教育，甚至解聘。

2008年，范希娟检索到了学校发展四大问题：一是如何建立一套机制，加强对教研组长、学科组长的培训，以提高教研组长、学科组长的领导力？课程建设是2008年度最薄弱的工作，那么2009年如何寻找突破口？二是学生常规管理怎样做到系统性，有效减少主观随意性？怎样使后进生的转化工作更有效？怎样对学生的吸烟逃课等不良现象进行具体的、有力度的、有成效的根治？三是怎样才能更好地落实备课组的活动，让学习研究更有效？四是怎样在每一位教师的教学工作中落实好"生本理念"，更好地关注每一个学生？

"我们总是以时间紧任务重为借口放弃学习是不对的。有人上课照本宣科，有人偷懒直接搬用别人的教案，这些值不值得反思？你不学习，底气不足，方法不当，还能心安理得？一位学生在老师气哭之后说：老师整节课照着教材讲，谁会有那么强的毅力听？这不能不引起我们的思考。"范希娟说这些话的时候，眼圈是红的。

2017年，范希娟的工作报告里增加了一些"鸡汤"，但这个鸡汤是恰时恰景的——

> 成功总是喜欢光顾有准备的人，幸福属于为冬天准备棉袄的人。我们每个人都要有忧患意识。现在不是英雄寂寞的时代，不是狼来了，而是狼已经站在了我们中间，不能躺在成绩簿上沾沾自喜。每个学科都要寻找薄弱点，每个老师都要寻找增长点。
>
> 我们的团队善于打硬仗，有很多突出的优点，但是我要说的是，我们的缺点和优点一样突出。我们总是强调团队评价，愿意吃大锅饭，不愿意或者是害怕个体评价，总是寻找各种理由，为自己鸣冤叫屈，不愿意接受评价结果，却很少反思自己为什么会是这个样子，能不能这样下去，怎样改进才能与时俱进等问题。一些老师的规则意识不强，教育教学缺少方法，学生管理不到位。这样的问题绝不能一直存在下去，一定要想办法破解。大家要以教师专业成长发展体系为价值引领和专业引领，不断规范自己，打磨自己，努力实现自己和学校的高端发展。

在刚刚过去的一年里，因为要进入20年校庆的总结阶段，范希娟对未来多了一些思考。她向全体教师推心置腹地抛出了如下问题——

> 我们要思考下面这些问题：假如景炎的管理与公办学校一样，景炎还能走多远？外部竞争激烈，景炎如何应对？老师如果

不讲科学、专业,将来怎样立足?假如景炎生源质量下降,我们是否还有足够的底气、牛气和霸气?

谁都想去教好学生,但是好学生不可能都来景炎。当年我校第一届学生招收的 163 名学生几乎是见人就收,毕业时,这 100 多名学生,总分超出全市第二名 70 多分,那才是真牛。能把二流的学生教成一流,才是真本事。

显然,范希娟从未放弃过反思。她的忧患意识,居安思危,可能是一所学校保持高位发展的重要秘密。

34 范希娟心中的"三道坎"

做校长难,做民办学校的校长更难。

景炎今天赢得的光环和掌声很容易让人遗忘其创业初期的艰难和不堪。而实际上,在范希娟看来,一个人能容纳多少不堪,能迈过多大的坎,才能成多大的事。

此言不虚。那些成功的校长通常是在不断化解危机、解决难题中成长起来的。为了学校能有更好的发展环境,赢得各级领导的支持,一向以女汉子示人的范希娟有时不得不放低姿态。她也有很懊恼的时候,只是当看着学生的优秀被社会认可,看到整个团队的精进与成长,她就会很快释然。"这可能是对我想退缩时最好的鼓励。"但在范希娟看来,越过学校的"发展坎"容易,而越过自己心中的坎却很难。

走过20年的发展历程,景炎的前景已经柳暗花明。但是,范希娟却一直在给学校发展过程中的病灶手术。"包括我在内的每一位景炎领导都要不断反躬自省,我们才能持续保持奔跑的姿态。"范希娟说。

20年来,回首走过的日子,虽然磕磕绊绊,但范希娟的内心一直有点"小确幸"。平心而论,担任校长近20年,考验范希娟的地方有很多,但仔细思量,范希娟自认"作为一校之长,没有重大失误,只是离理想的目标还有距离"。

站在20年的节点，范希娟开始反思，尽管大风大浪都过去了，但她心中仍有"几道坎"过不去。

范希娟心中过不去的"第一道坎"是如何建构专业的教师评价机制。尽管景炎的教师评价机制一直在改进，但范希娟坦言，至今还没有找到让自己满意的评价办法。教师是学校发展的关键，打造一支高素质的教师队伍是校长的首要工作。而打造教师队伍，自然少不了要对教师进行专业评价，但如何做到客观、专业、科学地评价一位老师的专业水准，是一个世界级的难题。景炎学校曾与一些专家合作，建立了教师专业发展评估体系，力图通过第三方评估，采取大数据分析来评估教师专业发展。这个体系实施三年来，虽然取得了一些效果，但并没有完全破解教师专业发展的评估问题。

"单纯地比拼成绩数据过于单一，融合教师素养的其他元素，主观性成分又太多。有时评估结果与教师的实际素养颇有出入。比如有些老师的课堂深受学生欢迎，但成绩数据不尽如人意；有的老师加班加点，尽管课堂教学质量一般，但成绩数据却很好。对于如何破解教师专业发展评估问题，我一直没有找到很好的方法。这条路仍然任重道远。"范希娟说。

这"第二道坎"是构建独特的景炎教育体系。范希娟和她的团队一直在努力建构"景炎版的教育纲要"，但这的确是一个不小的挑战。在范希娟看来，教学的高质量，对于景炎而言是一种赞美，也是一种"威胁"。如何用相对完整的教育体系确保景炎的发展与成果，处理好成绩与素养之间的矛盾，需要用心去攻克。

挑战不只在于体系本身的建构，还在于如何凝练表达。景炎的经验就在那里，关键是如何找到一种最优、最精准的表达，这需要用前沿科学的教育理论去诠释和反复推敲。"别人的天堂不一定是你的乐园，只有找到自己的教育语言，才能确立一所学校应有的朝向。"范希娟说。

这"第三道坎"是范希娟自己的家庭。在景炎学校发展的关键时期，作为校长，范希娟许多时候忙起来是"5+2""白加黑"，基本无暇顾及家人——尤其是在陪伴自己孩子成长这方面。儿子初中毕业后以优异的成绩考入省重点高中，而此时正是景炎发展的原始积累期，范希娟忙得不可开交。许多时候，清晨，儿子早早离家去了学校，而到了晚上，范希娟加班回来时，儿子已经进入了梦乡。她很少有时间和孩子的班主任、任课老师交流，在家辅导孩子学习更无从谈起。范希娟说："现在回想起来，内心愧疚得很。"

"我们在成就别人家孩子的同时，却忽略了对自己孩子的成长与陪伴。这些矛盾带来的痛苦，总让我内心备受煎熬。"范希娟深感遗憾，全天下女人的心都是柔软的，但事业让人别无选择。范希娟说，如果还有机会，"一定要在做好校长和当好家长之间好好衡量"，因为孩子的成长，也是"自己事业的重要组成部分"。

世上无完人，范希娟常以此来宽慰自己，在工作和生活中，校长是个很矛盾的角色。"我经常回头看看自己走过的路，去回味发生在自己身上的每一件事。校长要有勇气审视真实的自己，这样才不至于迷失自我，才会让自己在激情与理性的和谐体下更有力量地走向远方。"范希娟说。

35 说给景炎人的"情话"

从2018年到2019年，株洲先后有27名教师辞去公职加入景炎。这一事件引起了社会广泛关注。

"他们辞职了，我的压力更大了。如果你觉得这些都无所谓，你就不配做校长。"范希娟说，"只有我们的教师感到幸福了，学生才能感到幸福。"

2019年5月21日上午，华为创始人任正非在深圳华为总部接受国内媒体的采访时说："中国将来要和美国竞赛，唯有提高教育……我认为最主要还是要重视教师……只有教师的政治地位提升，经济待遇提升了，我认为才可以使教育得到较大的发展。"

任正非对尊师重教的发声不止一次了。此前，1月17日，任正非在接受央视记者专访时就为教师、为教育发出了振聋发聩的最强音。任正非表示："振兴教育不是靠房子，是靠老师。""物质不是最主要的，人才是最主要的，人类灵魂的工程师应该得到尊重，这个国家才有希望。"他还说："要提高老师待遇，再穷不能穷教师，要让优秀的人才愿意去当老师，让优秀的孩子愿意学师范。这样就可以实现'用优秀的人培养更优秀的人'。"

任正非是范希娟眼中的一位伟大的企业家、创业家。范希娟自己身为教师，更懂得教师的苦与痛。所以，自主持工作以来，她在谋求学校发展的同时，从来没有忘记提高教师的福利待遇，从来没有忘记关心教师的幸福指数。她曾放言："我的梦想是让景炎成为卓越的代名词，让每一位景炎人更富有。未来的景炎教师既是精神上的富翁，又是丰腴的物质生活的享受者。每一位景炎人追求卓越，变得富有，拥抱幸福，这是我最真实的心愿。"

范希娟这样的表达让教师们格外感动。其实，感动不只是因为这样的豪言壮语，还因为她在具体的行动中对教师生活和待遇的关照。

早在10年前，范希娟就开创性地提出了"提升教师职业幸福感"的理念，致力于提升教职员工的"三个指数"，并形成制度化：第一是"保障指数"，学校为每位教职工购买了"五险一金"，建立爱心帮扶基金，不断提高教师的待遇，增强他们的安全感和归属感。第二是"健康指数"，学校每年对全体职工进行身体健康检查，举办多种讲座，倡导教师加强体育锻炼，并开展形式多样的健身活动。第三是"魅力指数"，学校倡导精神自由、个性自然、生活自在的理念，注重营造团队协作的氛围，引导教职工快乐地投入工作。终身学习、团队合作、开拓创新是景炎教师的教育生活常态。

2015年5月5日，景炎学校正式启动教师职业年金制度，全校教职工从2015年1月份起正式购买职业年金。董事会这个决定，标志着景炎学校教职工在"五险一金"的基础上又喜添一"金"，享有"五险二金"的保障。

景炎学校教师职业年金是在教师依法参加基本养老保险的基础上建立的补充养老保险制度，将对在校工作三年以上的教职工实现全员覆盖。职业年金费用由单位和教师个人共同承担，单位缴纳职业年金费用的比例为本单位工资总额的8%，个人缴纳比例为本人工资的

2%或4%（由个人自愿选择）。按照年金方案，景炎学校董事会每年需投入200余万元。

民办学校教师退休保障问题是民办学校必须解决的难题，景炎学校试水教师职业年金制度，就意味着景炎教师退休之后不会比公办教师待遇差。范希娟坦言，双份保险解决了教师们的后顾之忧，"让老师们老有所养、老能乐养"。

当地媒体报道说，景炎学校善待教师的制度，让"泥饭碗"比"铁饭碗"还吃香。景炎学校教师的流动率远低于8%。"学校的发展，老师是关键。怎样才能将人才留得住、吸得来？这是学校管理层一直在思考的问题。"范希娟始终相信，只有通过机制建设和制度保障，才能留得住人。

刘坚华是景炎学校的党总支书记，谈到教师的职业年金，他说："职业年金作为基本养老保险基础上的补充养老保险，对个人的好处就是退休后可以享受双份的退休金。我们实施教师职业年金制度的出发点，就是要通过职业年金这种补充的养老保险方式，缩小民办教师退休后与公办教师之间的差距。"

教师丁民武说："我已过不惑之年，有了年金保障，现在真的是'不惑'了。"

青年教师刘青说："我是幸运的，在景炎我收获了成长的幸福，也收获了幸福的保障。"

体育教师周圣才说："解决了退休保障问题，我真的很开心，我会陪景炎一起幸福地变老。"

景炎学校不仅关注在校教师的幸福，其爱的触角还伸向了教职工的家属。每年年底景炎学校都要举办一次教职工的家属晚宴。在2017

年的行政干部家属晚宴上,范希娟满含感激之情即兴发言:"在每一位行政干部的背后,都站着一群有情怀的人,那就是今天光临晚宴的各位家属。是你们在背后默默地支持着我们,这份无私的担当和难得的理解让各位干部能安心工作、潜心研究、乐于奉献。多少次,我的兄弟姐妹们早出晚归,你们毫无怨言;多少回,我的兄弟姐妹们顾不上照顾孩子、孝敬老人,你们总是能宽容理解,你们是真正的幕后英雄,你们是景炎最需要感恩的群体。景炎的功勋章里,有你们的一半。"

家是幸福的代名词,承载了太多的故事与感动。范希娟不仅经营着景炎大家庭的幸福,还牵挂着每一位教师小家庭的幸福。

在全体教师中评选"幸福家庭"是景炎学校的又一大亮点。景炎学校凡结婚五年以上的教职员工均可参加这一评选活动。评选活动主要以"五大幸福指数"作为衡量"幸福家庭"的指标,即家庭和睦、身心健康、文明生育、安居乐业、乐于奉献。经个人申请、民主推荐、集体讨论,最终评选出景炎学校的"幸福家庭"。

唐文娟老师的获奖感言很淳朴:"其实,我们家也经历过一些风雨,但是我们总会相互鼓励,不离不弃。特别是,我的工作很忙,丈夫每天早晨把我送到学校附近,下午又准时来学校接我;回到家,我还经常要接家长的电话或是备课,那么给儿子洗澡以及家里的家务琐事,丈夫都会默默地做好,把家里家外都打理得井井有条。工作近十年,我一直以我是景炎人而自豪,我的家人们更为家里有这样的景炎人而骄傲!"

一个缺乏归属感与幸福感的教师群体,很难去创造幸福的教育成果。教师幸福是教育幸福的前提,要办幸福教育,先得有幸福教师。

幸福是教育的终极目的,教师既是幸福的创造者,也是教育幸福的享受者。为学生幸福而教,为老师幸福而谋,为教育幸福而变,这就是景炎的幸福之道。

"我说句内心话,从 1999 年起,我就把自己'嫁'给了景炎。没有人逼迫我,这是我自己心甘情愿无怨无悔的选择。时至今日,已过知天命的我,给景炎的情话就是:陪着景炎一起慢慢变老。"这是范希娟在一次会议上说给全体景炎人的"情话"。

36　学习景炎好榜样

就像一百个读者眼中有一百个哈姆·莱特一样,每个人看到的景炎都各不相同。

写这本书的过程显然是再认识景炎的过程。当这本书即将完稿的时候,我对景炎现象和现象背后的思考更加明朗起来。尽管一本书不足以完全概括一个人和一所学校的全部,但从景炎的发展侧面已经足以让人心生感佩。

景炎无疑是一个独特的存在。从连续三年中招成绩蝉联全市第一的时候,景炎就已经成了株洲这座"火车驮来的城市"里不折不扣的名校。每到招生季,景炎学校都一位难求。从景炎的团队文化到教研氛围,从生本课堂到课程建设,从管理机制更新到文化再造,景炎的教育行动几乎是一场改革成果的盛宴。在景炎,我们看到了好学校不断创变的样态。

当下判断一所学校好与差至少可以从三个纬度来看:一看这所学校是否有高的教学质量;二看它的高质量是怎么来的,是靠无限延长学生的学习时间拼出来的,还是通过相对科学的教与学的方式变革赢得的;三看当学生离开这所学校时,除了能拿到通往更高学府的一张通行证外,还能带走什么。换句话说,学生的核心素养怎么样?学生的精神成长如何?

显然,景炎的发展历程很好地诠释了这样的逻辑:有着高升学率的景炎是株洲当地基础教育学校的"绝对领跑者";景炎的生本课堂既解放了教师的"教",又激活了学生的"学";景炎向学生发出的"生活邀请"已经成为株洲当地小学毕业生的一种期待。

对于一所学校来说,20年时间并不算长,也谈不上有多少文化积淀,但对于鼎力革新、不断创变的学校来说,总结则意味着更好地再出发。

在景炎学校最新的教师招聘启事里,景炎人专门总结了景炎的"十宗最":

一是前景最广阔——

办学20年,从依托名校办学,到海华集团独资控股办学,从老校区翻新改造,再到现代化新校区完成规划设计动工,一个涵盖小学、初中、高中的超过6000人规模的,具有人文气质、现代品质、教育优质、品牌特质的现代化教育集团即将华丽启航。

二是理念最前沿——

这是一所具有先进办学思想和教育理念的学校。以生为本是学校教育教学工作的基本出发点和最终归宿。学校坚持素养本位,致力于深度课改,矢志于"快乐学习,幸福成长"的教育理想,教育教学硕果累累。

三是质量最上乘——

从1999年创办至今,景炎连续18年蝉联全市中考成绩第一,全国竞赛获奖次数雄踞市区垄断地位,艺体发展、创新发明绝对领先。新加坡留学39人,西安交通大学少年班27人,清华北大152人,景炎学子足迹遍及海内外。

四是机制最先进——

学校实行董事会领导下的校长负责制,打破了论资排辈的惯例,实行优质优酬的分配原则,给年轻教师提供了更广阔的发展空间。

五是待遇最优厚——

基本年薪8至20万,慰问礼金及赛事奖励丰厚。

六是保障最齐全——

教师享受与公办学校教师完全一样的"五险一金"保障,同时学校为教职工购买了职业年金,这是对教职工未来退休后的一份长远呵护。

七是管理最有爱——

学校管理极具人文和爱心。学校领导致力为教职工排忧解难,教师各类俱乐部活动让教职工的身心得到放松。

八是团队最和谐——

这是一所团队协作力极强的学校。在这里,名师云集,以备课组为单位,老中青三代梯队发展。长者绝不藏私,悉心指导;幼者虚怀若谷,细心求教。团队上下齐心,抱团发展,形成了无往不胜的"虎狼之师"。

九是培养最给力——

学校构建了教师多元学习平台和成长平台。青蓝工程、学习工程引领教师专业发展,四大杯赛事打造高素质师资队伍。学校每年在教师学习培训方面投资数百万元。

十是教师最出彩——

只有一流的教师,才能培养出一流的学生。得益于各类培养学习,学校教师成长迅速。每年各科教师在市级以上教学竞赛、论文评比中获奖如探囊取物，获奖人数百余人次。

景炎学校的"十宗最"基本描述了景炎20年发展的核心特质。这种特质让景炎的优秀成为一种习惯。《孙子兵法·兵势篇》用人们生活中常见的激水漂石现象做比喻："激水之疾，至于漂石者，势也。"意思是说，湍急的流水，以飞快的速度奔泻，其汹涌之势，可以把大石头冲走。这一比喻，是强调作战中的"造势"，要争取主动，形成优势地位。景炎20年来的高位发展，已形成一种"势能"。

景炎为何如此优秀？范希娟个人曾总结过景炎发展的秘密：

一是领导者保持前瞻的姿态以愿景引领为学校发展"造势"。每一所学校的发展都是在"愿景"引领下发生的：2008年景炎学校引进生本教育理念，确定了学校文化发展轴心；2010年学校生本教育成为全国同类学校的典范；2011年着手规划学校中长期发展。所有的这一切，都是为让学校永葆一种向上的气势。

二是能不断进行机制创新，焕发团队活力，这是形成学校发展气势的基础。景炎在机制创新上从来没有停止过努力，尤其是2011年以学校中长期发展规划制定为契机，引进专家团队对学校发展机制进行诊断与改进，以高起点、大视野来创新学校机制，为学校长远发展奠定发展气势。同时，学校对增加的绩效资金尝试创新"项目绩效"分配机制，包括生本行动小组、个人小课题研究、师训课程开发等工作在内，尝试以"项目绩效"的方式创新机制，激活教师队伍潜能。

三是从"管理人"到"发展人"。发展学校先要发展教师，学校的发展气势由教师的发展气势决定，"绩效评价"的特点是要求什么就评价什么，注重的是达标、成果与贡献，是一种结果性评价。而"发展性评价"的特点是倡导什么就评价什么，注重的是提升、发展与进步，是一种过程性评价。加强两者的结合，才更有利于激发教师潜能，助推学校发展气势。景炎学校推出的"星级奖励制度"等都是基于发展性评价思想制定的。

四是不断总结经验，让教师看见学校的发展成果。近两年来，景炎学校教师获得国家级课堂教学类比赛一等奖三项，省级优秀课比赛及说课比赛一等奖多项，三个教研组被评为省级优秀。在这累累硕果中，学校发展势不可当。

如果说要学习景炎好榜样，那么我们首先要学习的是范希娟校长的担当精神。

在采访范希娟校长的过程中，我们一直被一种精神感动着。范希娟爱护景炎就像爱护自己的眼睛、爱护自己的孩子一样。她有职业校长的特质，但又与大多数职业校长不同。范希娟身上还体现了创业者的一面，她更像是这个团队的大家长，为团队操劳，为团队中的每一个人操劳。无论到何种地步，别人可以选择逃避，一走了之，她不能；别人可以去抱怨，她不能。

范希娟展现出了民办教育领域职业校长的担当、勇气和智慧，从她身上总能寻找到激情和力量。如果说景炎这所学校是有性格的话，那么这所学校的性格一定与校长范希娟的性格有关。

学习景炎好榜样，还要学习景炎这支"虎狼之师"所形成的"景炎精神"。

一所优秀的学校一定有一支优秀的教师团队。景炎人有一种独特的精神。是什么让他们不离不弃？是什么让 27 位骨干教师集体放弃公职？答案就是"一种精神"。范希娟曾概括了景炎团队的精神："特别能奉献，特别能合作，特别能吃苦，特别能战斗，特别能创新，特别能执行"。

到底该如何丈量一所学校的精神尺码？有人说，把一个人放在一个不成长的环境里是对这个人最大的野蛮和假慈悲。景炎学校的教师成长体系让每一个教师找到了自己的发展节奏，景炎学校骄人的教学业绩和诱人的成长福利，铸就了景炎教师的忠诚，同时也赢得了学生家长的信任。

学习景炎好榜样，还要学习景炎咬定素养本位不放松的立场。

学校以"生本教育"为旗帜，不仅为孩子的当下负责，还为孩子的未来负责。民办学校首先要经得起市场的考验，但最终要经得起时间的考验。范希娟很早就提出，景炎不仅要把学优生教好，更要帮助学困生走出学习的困境！

因此，景炎坚持在节假日、双休日不补课，一直在探索让孩子快乐学习的教育模式，这是对教育规律的遵循，对最前沿教育理念的追求。

2012年，景炎学校初一女生刘雅思，因在钢琴方面成绩突出，曾受到媒体的关注。她还创作并出版了首张个人音乐专辑，广受好评。

在景炎，这种现象是常态。2009年，陈铭豪获得湖南省首届魔方大赛冠军；2011年厦门国际马拉松赛道上，景炎学子余润泽勇夺冠军；在2012年株洲市"三好杯"上，景炎学校男子篮球、女子篮球、乒乓球、足球分别取得了株洲地区第一的好成绩，田径取得了市区总分第一的好成绩……

这就是我们看到的不一样的景炎。这也是我们要关注景炎和范希娟的理由。

37　缔造"新景炎"

范希娟和她的团队一起创造了"景炎奇迹"。

景炎20年的发展弧线划亮了株洲教育的星空。20年来，景炎的确发生了很大变化。在众多的变化中，有一个数据始终没有变化，那就是从有第一届毕业生开始，景炎就保持了当地中招成绩第一的位次。

景炎人正在把20年作为景炎发展的时间停靠点，停下来思考下一个10年、20年的发展战略。

马云说："不管你是什么样的组织和个人，你不应该做大和做强，你应该做好。"那么，"景炎做得怎么样？真的做到'好'了吗？这个'好'的标准如何确定？"范希娟曾自我追问。

范希娟是善于营销希望和未来的人。下一个20年的开端，意味着景炎将进入一个加速发展的阶段。在2019年第一次全体教师会议上，范希娟抛出了景炎人的集体命题："2019年，是景炎发展史上的承转之年，是总结反思之年，是破旧立新之年，是谋划未来之年。20岁的景炎留给了我们什么？20年后的景炎该往哪里去？这些是我们在2019年要回答的问题。"

景炎的发展，范希娟大致分为四个阶段，第一个阶段是"衍变"，从1999年到2006年；第二阶段是"裂变"，从2006年到2007年；第三个阶段是"蝶变",从 2007 年到 2019 年;第四个阶段定义为"创变",从 2019 年 20 年校庆指向未来。

所有的过往都是在为未来做准备。景炎的传奇只是一个序章。在范希娟的构思里,景炎还有一个更为宏大的梦想——

三年内,景炎新校落成,总投资将达 8 亿元,占地 150 多亩。新校区拟设置 84 个教学班,其中初中 60 个班、高中 24 个班,在校学生规模预计达 3600 人。整个校园场馆齐全、设施一流,它必将是一所集现代化、信息化、人文情趣、绿色盎然于一体的高品位的学校。新校区的建成必将为景炎插上腾飞的翅膀,孩子们在新校园必将获得无限大的生长空间。

与董明珠一样,范希娟也有自己的教育雄心。她的目标是,将景炎新校区打造成株洲教育的地标。范希娟正在描绘的这个全新的景炎图景,给了景炎师生无限期待。最近一段时间,范希娟一直在为新校区的事奔走。"我对景炎的新校区充满了期待。"范希娟说。

这是景炎人与未来签订的一份合约,也将是一个值得期待的开端。但"新景炎"绝不是那些显性数字所能概括的,它更多指向的是教育品质的迭代与升级。

值 20 年校庆,景炎对学校发展做了全面而系统的总结,这样的总结就是为了给过去一个完整的解释,给未来一个更好的规划。20 年后的景炎怎样才能走向更高位的发展?如何从优秀走向卓越?一路领跑株洲当地教学质量的景炎学校,能否成为株洲教育创变的下一个风向标?

但范希娟思考最多的依然是景炎在管理机制创新上还可以做些什么?如何更好地激发人、促进人、发展人?

范希娟希望未来的景炎要将"景炎式管理革命"进行到底。在总结前20年管理经验的基础上,再来一场学校管理的自我革命,对景炎管理进行"全景式"扫描,进一步理顺管与理的关系,传承管理中高效的机制和方式,摒弃那些不合理的部分,研究现代学校的治理模式;继续推行扁平式管理,充分发挥民办学校的机制优势;继续优化机构设置,简政放权,真正做到权力下移,责任上移。"未来景炎管理的自我革命,将持壮士断腕的勇气,以效能为考量标准,让学校治理真正走向现代化。"范希娟充满希望地说。

景炎学校新校区规划效果图

景炎还将优化独一无二的景炎教师激励机制,让学校成为每一位教师的平台。在学校队伍打造上,景炎始终秉持教师第一的原则,采取价值引领、人文关怀、物质保障、专业提升等多种手段,激励教师自我成长,打破传统的教师职级制,探索教师薪酬改革,让乐干事、能干事、干大事的教师有充分的获得感与荣誉感;在薪酬保底的基础上，提升整体薪资水平，拉大差距，打破行政干部和一线教师之间的壁垒，让名优教师精神富有、物质富足，过上优雅的生活，从而形成人人向上的教师发展生态。

景炎的未来发展，定位于差异化办学，进一步彰显景炎办学特色。在与公办学校共生共荣的同时，进一步凸显景炎特色，在特色凝练中寻找教育的发展点和增长点。如育人上的多元培养和个性发展，如教育质量上的绿色元素，如人才输出方面的低进高出、优进优出，如开发建设景炎特色课程等。

选课走班终将成为景炎的常态化风景。未来几年，教学班制改革是重点，景炎将打破传统的行政班级制，推行选课走班，充分利用现代人工智能和信息平台，建立起完整的景炎选课走班体系，给学生更多的课程选择权。景炎将通过强化学生的选择权来倒逼教师专业发展。只有尊重学生选择的权利，才是真正地为学生而教。

在范希娟的设想里，未来的景炎将是诗画般的景炎，于本区域独树一帜，辐射三湘四水，继而昂首走向全国。未来的景炎是每一个生命获得生长的"伊甸园"，是每一个教师实现理想的一方净土，更是优质民办教育健康、持续发展的"窗口"。

民办学校有没有未来就看学校是否能行走在行业发展的趋势里，是否行走在正确的赛道上。你今天在思考什么，决定着你未来能站在哪里。

范希娟从来没有停止过对未来的思考。比如，她在思考，如何让学校教育真正实现给学生"充分的参与感"的愿景。比如，她在思考，当人们普遍认为分数才是民办学校发展的硬通货的时候，那么决定其核心竞争力的到底是什么？"如果依然以昨天的方式教今天的孩子，那不就是在剥夺孩子的明天吗？"范希娟自问道。

范希娟希望景炎人能坚持做一件事，做一个长期主义者，然后以微创新的方式不断迭代教育方式和内容。"也许一次微创新改变不了什么，但是众多微创新的叠加则可能改变整个教育生态。"

米兰·昆德拉说："生命是一张永远也画不完的草图。"景炎这群有意思的人正在做着一件有意义的事。未来景炎品牌不是成绩标签，不是管理特质，而是一套理念和文化。范希娟对未来的构思是，逐步构建一套完整的教育体系和管理机制，形成"景炎教育法"。

种一棵树最好的时候，一个是过去，一个是现在。景炎人已经开启了新的"十年再造"之旅。

第五章 篇外

读懂一个人并不容易。要足足回眸50多年的光阴,我们才发现了范希娟的真、执、勇、信、孝,如同多维空间的多条射线,最终汇聚一点,成就一个"非常"之人。

38 父辈的"礼物"

参 天之木,必有其根;怀山之水,必有其源。
每一个人都出生在不同的家庭里,每一个人都是一个家族的书写者,都或多或少受着父辈的影响。

1963年,范希娟出生于湖南株洲。这一年,距离她出生地不远的湖南望城,一个名字受到全国各界的关注:雷锋。当年3月5日,《人民日报》发表毛泽东主席的题词:"向雷锋同志学习"。随后,全国各级类学校普遍开展了学习雷锋的活动。尽管儿时的范希娟对雷锋的印象是懵懵懂懂的,但在她心里,她知道雷锋"是个好人"。也许是受童年这一段记忆的影响,后来从事教育工作后,范希娟一直坚持开展学雷锋活动。

除了雷锋,范希娟说,在她的记忆中,从童年起直至上大学,还有三个人对她影响深远:父亲、母亲和姑姑。

范希娟出生于一个工人家庭,父亲在地质队工作,母亲是地质队子弟小学的教师。这样的家庭在那个年代算是不错的家庭了,但与很多60年代出生的人一样,范希娟的童年依然是在物质贫乏的生活中度过的。对于小时候的记忆,范希娟有三个印象深刻的画面:一是父亲和母亲每天上班,总是很忙的样子;二是照顾妹妹是她除了学习之外最主要的任务;三是读黑白版的小人书,看露天电影——这也是

"60后"的人童年的美好回忆。

母亲是一个勤劳俭朴的人。儿时的范希娟特别乖巧懂事,一些简单的家务她分分钟就能搞定,总是帮母亲把家里收拾得干净整洁。

不过相较而言,范希娟的性格更像父亲:不服输、有正义感。"父亲很要强,工作上从不甘落后,一直是单位的技术革新能手。"范希娟说。与此同时,父亲还是一个刚直不阿的人,见不得不公。父亲曾跟范希娟谈起过去的事情:在"文革"时期,那些处在单位权力中心的人,一不小心就可能被群众批斗。当年,父亲单位里的一个领导被批斗,父亲觉得这位领导很好,就主动站出来为他说话。"父亲说,当时他手拿《毛主席语录》喊道:'我是贫下中农的儿子,毛主席教导我们要文斗不要武斗。'"这一点,正是范希娟佩服父亲的地方。

在范希娟的记忆里,母亲对她的学习有很大的影响。因为母亲是小学老师,范希娟平时经常会到母亲的学校里玩,所以自然就多了学习的机会。范希娟的成绩一直在班里保持领先,她还一直担任班干部。她后来表现出来的领导力也许跟那个时候的经历有关。

比如,范希娟超强的表达力在小时候就已经"露出苗头",她曾经代表学校在大型活动中演讲,逐步练就了临场发挥的能力。

小学毕业,范希娟迎来了她人生中的另一个重要人物:姑姑。当时,父亲所在的单位流动性大,为了不耽搁范希娟的学习,在范希娟上初中时,父亲把她送到了在重庆的姑姑那里读书。

到了重庆,范希娟进入一个全新的生活环境。在姑姑家生活的那段日子,让范希娟开阔了视野。在文化生活还很匮乏的年代,范希娟在姑姑家接触到了很多以前没有接触过的文化。

"姑姑很大气,也很善良。工作上不徇私,对下属很照顾。"范希娟说。耳濡目染，范希娟后来自己在工作和生活中表现出的大气与果敢，很大程度上都是受到姑姑的影响。

我们无法抛开时代的共同记忆来理解过去。在那个年代，除了读书，几乎没有其他更让大家共同认可的出路。转眼到了高考季，范希娟出人意料地决定报考师范院校，不过她并不是为了当教师。"确切地说，我的目标是将来做英语翻译。"那个年代，姑姑偶尔会出国考察，带回来的不少国外信息让范希娟更坚定了做翻译的信念。

怀揣着成为英语翻译的梦想来到大学，范希娟人生的新篇章从这里展开。在那个充满理想的年代，因为想做翻译，范希娟格外用功。在大学里，她经常泡在图书馆里读书，"我印象最深的是先后借阅了《飘》《红与黑》《少年维特之烦恼》等大量外国文学名著。"

大学毕业前夕，范希娟被安排在了四川宜宾一中实习。实习期间，范希娟每天早早来到办公室，帮着指导老师擦桌子、提水、打扫办公室卫生。同办公室的老师都很喜欢她，他们自然也很乐意帮助这位勤快聪慧的实习生。

这个世界总会奖赏那些有心的人。实习期结束，范希娟被评为优秀实习生。

毕业后，范希娟没有实现她做翻译的梦想，而是被分配到了四川省自贡市一所中学做老师。

一个女孩子只身一人在外地工作，无依无靠，这让父母格外牵挂。而在范希娟看来，远离父母和姑姑，这样的生活多少有些拧巴。于是，调回株洲工作成了她职业生涯中的第一个难题。因为是跨省调动，手续复杂，尽管调动申请早就递交了，但日子一天天过去，申请却迟迟没有下文。

从湖南到重庆再到四川,一个湘妹子性格里又平添了川妹子的性格,范希娟的性格里自然多了几分果敢与"麻辣"。于是,敢想敢闯的范希娟就一个人去找教育局的领导。在办公室里见不着,就直接到领导家门口守候。

念念不忘,必有回响。

最终,范希娟顺利办理了调动手续。这只是她成长过往中的一朵浪花,但范希娟第一次尝到了要做人生的赢家,凡事必须主动争取的甜头。

至大学毕业前的那段时光,范希娟收获了父辈赠予的最好礼物。她身上那种执着的信念追求,乐于学习的优良品质,担当责任的大局意识,通过时光的积淀,渐露机芽,为日后她在事业的道路上飞奔奠定了很好的基础。

39　成长是生命唯一的奖赏

每个人的人生都是单行道，不能掉头，也不宜换道。

作为校长，范希娟的职业人生可谓"别样精彩"。假如对范希娟的人生过往展开一次"假如"的设想，可能会有 N 种值得期待的结果。

如果她当初读的不是师范院校，如果她毕业后如愿做了英语翻译，如果她没有调回株洲，如果株洲二中没有创办景炎，如果景炎因为政策障碍最终停办，如果范希娟选择了自主创业，再如果她像其他优秀教师一样选择了"孔雀东南飞"……那么范希娟后来的人生会产生什么样的故事？

了解她的人都坚信，范希娟的性格和能力所构成的独特魅力一定有值得期待的无限可能。所以，身边总会有人主动为她"打 call"：做校长当如范希娟。

风，起于青萍之末。

范希娟的魅力不是一天两天形成的。让我们一起将时间拉回到 34 年前。

刚刚大学毕业的范希娟在四川自贡工作了一年。在这里，她举目无亲，无依无靠，恋家的情绪越来越强烈。父亲也一直惦记着让自己的女儿能回到身边工作。

1985年，范希娟调回株洲工作。她的目标是进入株洲市二中，但二中当时不缺人，所以，范希娟选择了株洲市五中。

在这里，她主动请缨担任班主任，教三个班的英语课。到株洲五中不久，一向积极要求进步的范希娟就向组织递交了入党申请书。这么急切地请求入党，一个重要原因是，父亲曾对她的教导："党员是先进群体的代表，你要追求进步，在单位里要成为别人的榜样。"

有目标就要去追求。范希娟积极听党课，定期汇报自己的思想。只是她入党经历了一个漫长的考察期，她苦苦等待了8年。迟迟没能入党曾给她带来很大压力，她拼命工作希望赢得组织的信任。记得1989年儿子出生前一周她还坚持在讲台上上课。产假回来立马就上课并担任班主任。

"我在五中尽管工作很卖力，但并没有得到应有的肯定。"范希娟说，"我当时听了8年党课，人多的时候我在，人少的时候我也在。"1992年，范希娟正式入党。那一刻，她分外珍惜这份期盼已久的荣誉。

1995年，株洲市二中招教师，她又一次参加了试讲。当时一共3个人进入试讲，最终只留下了她一个人。范希娟清楚地记得，那一次试讲课，她讲的是《猴子与鳄鱼》，采取的方式是游戏化教学。她的简笔画很棒，还自己制作了教具，现场发动学生教学生。试讲很成功，听课的副校长对范希娟的课盛赞有加。就这样通过试讲、面试，范希娟正式进入株洲市二中。

让她没有想到的是，一开学，学校却通知她去图书室担任资料员。"我感到很意外，也很委屈。"按照她的性格，本来是要直接去找校长问个明白。但是，转念一想，也许学校这样安排也有原因。范希娟就自我安慰："上帝为你关上一扇门，一定还会给你打开一扇窗。在图书室工作也挺好，我正好可以利用这个机会静下心来准备考研。"

尽管在图书室工作多少有些失落，但范希娟没有灰心，她告诉自己，我就是要干出个样子给你们看看。在最不起眼的岗位上也要做出不凡的业绩。

到了图书室，范希娟首先将图书室彻底打扫了一番，她还买了些花草布置在图书室里，整个空间一下子温馨了很多，然后她开始将各类图书分类整理。三天时间，图书室就面向全体师生开放了。后来，学校的党委书记来图书室察看，发现整个图书室换了个样，称赞范希娟说："小范老师很能干嘛！以前别人搞了半个月都不能'开业'，你三天就搞定了！"

连雨不知春早去，一晴方觉夏更深。

开学两个月后，有一天，校办主任突然找到范希娟说："小范，希望你能重新回到教学岗位上来。我也知道你有委屈，但是，这次我是代表组织跟你谈话的，领导对你很重视。"

"感谢领导对我的信任，我是一名党员，我服从组织的安排。我不会让领导失望的。"

范希娟还专门补充了一句："我到哪里都行，只要不让我到食堂干，其他哪个岗位我都愿意。时间会证明我的能力。"说这话的时候，范希娟明显带了点小情绪。

原来，中考过后，家长们对学校的一名老师不满意，反应很强烈，集体找到校长要求换老师。这个时候，学校领导才想到了在图书室默默无闻的范希娟。

就这样，范希娟终于又回到了自己梦寐以求的课堂。

一位好教师必须有良好的教学艺术作为注脚。范希娟一上课，就很快赢得了学生的认可。"学生非常喜欢我的课。"

在株洲二中真正立足是正式进入教学岗位工作以后。关键就是在两次活动中，范希娟都取得了第一名的好成绩。

走到教学岗位后的那年年底，学校组织年轻教师赛课。范希娟心想："机会终于来了。"这是她在二中平台上个人素养的首秀，必须抓住这个机会。于是，范希娟就主动报名参加赛课。经过初赛、复赛，范希娟与同学科的另一名优秀教师一起进入了决赛。成绩揭晓，范希娟获得了全校年轻教师赛课一等奖的第一名。

上天总是眷顾那些有准备的人。为了上好每一节课，范希娟可谓是下了很大功夫。平时每一次上课前，她都会在脑子里过电影，每一个环节怎么走，怎么过渡，怎么提问，怎么点评……她都做到熟稔于心。一上完课，范希娟会第一时间在教案上做一些标注，有哪些地方下次上课的时候要注意改进。范希娟平时坚持阅读各类教学类杂志，除了学校订阅的刊物，范希娟还自己单独订阅了一些杂志。她将平时看到的优秀教学案例、方法剪下来，专门制作了一个剪报集，编辑了一本《经典教学案例集》，这成了范希娟的教学宝典。

第二次活动是全市的演讲比赛。那天，学校党委书记找到范希娟，希望她代表学校参加市里组织的演讲比赛。因为没有参与过这样的活动，起初范希娟是有些畏难情绪的，但她最终还是答应了。

"既然答应参加了，就要全力以赴。"范希娟做了精心准备。自己撰写的演讲稿有7页多，比赛前她就已经烂熟于心。最终，范希娟为学校赢得了一等奖第一名的好成绩。

这两个"第一"，让范希娟的名字全校知晓。大家都知道英语学科有一名年轻教师能力很强。

成长是生命唯一的奖赏。进入株洲二中的第二年,范希娟就被任命为年级组长。两年后,中招成绩揭晓,她教的两个班平均成绩分别为 95 分、96 分。

作为一名新教师,取得这样的成绩,有人点赞,有人羡慕,也有人嫉妒。

1998 年,范希娟担任年级主任兼班主任,她所在的年级分配的大部分都是年轻教师,但是,一年下来,她带的年级各项评比都是第一。

转眼到了 1999 年,株洲市二中创办了国有民办的景炎学校,她受党委委派到景炎学校工作。

尽管范希娟对这个新的岗位充满期待,但她并不知道,自己的职业人生由此开始发生转向,只是这个弯转得有点大,转向的速度有点慢,她也无法预测几年后会有更大的难题在等着她。

40　尽量做"忠孝两全"的女儿

在同事和老公眼中,范希娟是一位"贴心孝女"。有人说,人到中年"太难了",儿女们长大了,长辈们却老了。因看着双亲衰老、病痛而产生的无力感,往往足以击垮一个中年人。但范希娟却一直在与这种"无力感"抗争。

几年前,婆婆去世,范希娟和老公一起送了婆婆最后一程。身为儿媳的范希娟体恤婆婆,竭尽自己所能给婆婆一家人最好的生活。婆婆晚年时,范希娟出钱帮她找了保姆尽心伺候,尽管那时她自己的生活条件并不优渥。婆婆走后,办丧事、找墓地全都是范希娟亲力亲为。"我要让她最后一程走得安心。"范希娟说。

婆婆走得很平静,这让范希娟稍感宽慰。但很快打击接踵而至,父母接二连三地被送进医院,让范希娟尝尽了情感伤痛。

2018年,母亲被检查出有直肠癌,她对范希娟说:"我不能为你做什么,以后只能给你烧点热水。"坚强的母亲坚持通过跳舞、舞剑来锻炼身体,她悄悄地跟人讲:"我要为了女儿锻炼身体,让女儿少为我操心。"

范希娟将眼泪藏在肚子里,她决定带母亲去上海做手术。范希娟对母亲说:"你知道女儿最大的幸福是什么吗?就是你们身体健康。"

到了上海不久,范希娟瘦了7斤,她笑着对母亲说:"为了你,我减肥减了7斤。"

在潘长海的关心帮助下,在上海中山医院,范希娟千方百计地托人找到了"第一把刀",但母亲毕竟上了年纪,医生郑重地告诉范希娟,动手术风险很大,要做好心理准备,"不一定能下得了手术台"。"我签字的时候,心情非常沉重。"母亲手术前一天,范希娟到处打电话咨询,仍在纠结"做还是不做"。当天晚上,她一整夜没睡。凌晨4点,范希娟就去病房看母亲,还给她拿了刚买的一件红衣服。"我就是想图个吉利。"范希娟说。

那一台手术从早上7点开始,直到下午4点才结束。9个小时,范希娟如坐针毡,这大概是她一生中感觉最难熬的时光。所幸的是,手术很成功,看着母亲躺在病床上安然无恙,范希娟长出了一口气,一直陪着母亲在医院观察治疗了20多天。"现在母亲恢复得很好,每天早晨起来晨练,每天还到医院去看看生病住院的父亲。"范希娟说,"我要做的就是确保母亲每天的饮食,她每天吃4样水果,我都会提前给她配好。"

衰老和死亡是每个人必然面对的现实主题,谁都无法回避。平时范希娟与父母在聊天中,有时候会聊到死亡,在乐观地面对死亡上,母女俩有着深刻的共鸣。范希娟说:"母亲心态好,很乐观。她常说:'剩下的时间不多了,我要活好每一天。'是的,疾病会限制你的身体,但限制不了你的心态。"

母亲身体不好,父亲也不例外。几年前,范希娟的父亲因中风失去了行走能力,尽管家里一直有保姆照顾,但陪父亲聊天成了范希娟每天的必修课。

在父亲第一次中风后,范希娟开始有了紧迫感。她说:"孝顺父母不能等。"父亲喜欢旅游，范希娟就用轮椅推着父亲去各地旅游。除了国内，还带他到新加坡、马来西亚、泰国、日本、马尔代夫以及欧洲国家。

"本来还想去美国，但没想到他又一次病倒了。我想等他挺过这关，等身体恢复了，我一定带父亲到美国走走。"范希娟说。

父亲喜欢拍照、录像。范希娟还记得去河南洛阳龙门石窟时，几个人都不想往上爬了，父亲却执意要爬上去，到佛像跟前看一看。他说："你们以后还有机会来看，我这是最后一次了，我以后不可能再来了，要到跟前看看，留下影像。"没事的时候，父亲就看自己拍的照片和视频，回忆自己曾经去过的地方。回忆总是美好的。

星云大师说过："我们游走大地山河，大地山河就是我们的财富；我们看到日月星辰，日月星辰就是我们的财富；我们游览公园、博物馆，公园里的风景、博物馆里的收藏，就是我们的财富。"对于范希娟而言，现在能每天看见自己的父母，这就是自己最大的财富。

一段时间以来，范希娟的日子就是在医院、学校和家三点划定的圈子里度过的。目前父亲只能吃流食，肌肉开始萎缩，一直不能说话，很痛苦。"尽管父亲一直不能说话，但他的神志是清醒的，我说什么他都会有反应。"范希娟说。

孔子曾说，孝顺父母最难的是一直对他们和颜悦色，即"色难"。但范希娟不觉得难，她说，一个人如果不能感恩、没有家庭责任感，他是不合格的，"一个人对父母都不好，不可能对别人好到哪儿去。"

而婆婆的去世、父亲母亲生病，也让范希娟加深了对"活着"的理解。人生就是一场修行。"尽孝应在当下，这一点我感触太深了。"人说，父母在，人生尚有来处；父母去，人生只剩归途。当下，范希娟要做的就是守好父亲最后一程。

网上有一个视频，如果按人均 75 岁来计算，人生不过只有短短 900 个月，用一张 A4 纸，画一个 30×30 的表格，这里面就是你全部的生命时长了。算下来，我们每个人能陪伴父母的时间，比我们自己以为的要少得多。

范希娟现在要做的就是，每天给父母足够的耐心和陪伴。作为家里的主心骨，范希娟知道所有人都寄希望于她，再难她也得坚持，再难也不能在别人面前落泪。范希娟把所有的伤痛隐藏起来，她依然在父母面前表现得平静自然，让他们相信：我们都有信心，一切都会好起来。

人们常说：忠孝难以两全。但范希娟在事业和亲人之间，尽一切可能找到平衡点，在事业优先的前提下，尽最大努力做个忠孝两全的好女儿。

附录

01 范希娟：打造一支"虎狼之师"

每年新生入学，范希娟都会做一件事：找不同的学生交流、谈心。她的一个标志性动作常常被学生记起，那就是为学生竖大拇指。学生们愿意接近她，在校园里遇见她，都亲切地称她为"校长妈妈"。

作为一位女校长，她个子不高，但气场很强。她的校长资历谈不上有多深，但发生在她身上的故事特别多。与她交谈，她身上总有一种与众不同的特质不自觉地"裹挟"着你。

这就是湖南省株洲市景炎学校校长范希娟的简单画像。范希娟的微信头像是自己4岁时的一张照片，她说，用这张照片意在提醒自己要永怀童心做教育。

这位怀着一颗童心做教育的校长，在职业生涯里却遭遇过很多校长没有遇到的艰难。

2006年初，在范希娟刚刚担任景炎学校校长时，学校便迎来了"生死攸关"的危机。当时，景炎学校创办第6年，政府一纸文件要求民办学校必须从公办学校剥离，这也意味着景炎学校必须与母体学校株洲市二中脱离关系，实现"五个独立"。景炎似乎一夜之间成了"无家可归的孩子"。

学校到底该何去何从？

范希娟说："如果景炎真的不办了，我一定是留到最后的人。"她带领学校领导班子多方奔走，在不断碰壁中终于使学校得以保全，并机缘巧合地找到了新的投资商。尔后，范希娟带领这支团队一路高歌，创造了连续18年蝉联全市中考第一的成绩。范希娟确信，只要热情地拥抱生活，人生就会有更多的精彩。

她深谙管理之道，做到了刚柔并济。有时，她严厉得似乎不近人情，特别是在管理上毫不手软。初入景炎她便开始"建章立制"，有资历挺深的教师拒不执行已经颁发的规定，甚至公开与她"叫板"，她为了维护制度的权威不惜得罪人；但是，当有的教师家庭有困难时，她会第一个伸出援手，会集全校之力帮扶，帮助教师走出困境。有老师说，在制度面前，范校长是"钢铁侠"；在危难时刻，她是"救火队长"。在刚性的制度与柔性的人情之间，范希娟往往能恰到好处地把握尺度，使学校人心高度聚拢。

她担任校长以来，先是用制度立校，用制度说话，然后循序渐进，打造景炎独特的生本文化体系，把文化兴校发挥到极致。在学校管理中，她经常说的一句话就是："少管多理，管理的实质就是理管，先理后管才有效。"

陪伴着只有20年办学历程的年轻景炎，无论风云如何变幻，范希娟的心始终没有放弃美好的"念想"：积极筹建现代化学校，打造百年景炎，追寻"绿色"教育质量，与景炎团队一起慢慢变老……

解读范希娟的维度还有很多，但不论从哪个侧面去观察，我们都可以看到范希娟许多不同之处——所以，我们愿意称之为"非常校长"。

不陷入眼前的功利

中国教师报：你觉得民办学校的校长需要具备什么样的素养？

范希娟：首先，校长必须懂教育专业。教育是一项专业性很强的工作，不是仅凭热情就可以做好的。不懂专业的校长只能做隔靴搔痒的事情，无法直击教育的核心部分。民办学校的校长更需要有一线的教育经验。要做离教学最近的那个人，必须能与一线教师共同对话，否则你的专业权威就会受到质疑。我是英语学科出身，当年的教学成绩也是学校的佼佼者，直到今天，我还一直参与英语学科的教研活动。

"让听得见炮声的人来决策"是任正非在专门研究美国特种部队作战后总结出来的。我很认同这句话。校长不仅仅是"管理者"，还要有作为"专业人士"的精进精神。

民办学校的校长要敏于创新。民办学校本身就是制度创新的产物，没有创新思维，民办学校就无法立足。我经常说，不能以过去的思维解决未来的问题，更不能以过去的方式教育现在的孩子。所以，景炎人总是在以明天的视角审视今天的现状，以未来的思维看当下的发展。

民办学校的校长还要有韧性和定力。能够持续做一件事，不被外界所干扰，不为"乱花"所诱惑。有人说，真正的高手都是长期主义者。我一直倡导景炎的教师要有教学的主心骨，不能见异思迁，当然这与保守是不同的。我们从不排斥对新事物、新理念的认识。

民办学校的校长要有足够的勇气和智慧来应对危机事件。突如其来的政策危机、内部危机，一不小心就可能让学校陷入一种"万劫不复"的境地。作为校长，不能退缩，不能抱怨。没有哪一所学校是靠抱怨赢得发展的。

如果再增加一点的话，民办学校的校长还需要具有一点理想主义情怀，要有更大的格局。我所说的格局要大，是不能被鸡毛蒜皮的事情所缠绕，不陷入眼前的功利，始终不忘初心，不忘理想。

中国教师报：在民办学校做校长，的确需要面临更多元的专业挑战。

范希娟：教育学即关系学。亲近、和谐的师生关系是最大的教育生产力。教师是陪同孩子一起成长的人。一位优秀的校长一定要点燃整个教师团队，让教师愿干、乐干、能干，如此才能创造出更多精彩的教育故事。

教育不需要狂风暴雨，而需要润物细无声，如雨露飘洒大地，轻轻地、温柔地融入每一个生命体，这样的雨露，孩子们需要，孩子们也喜欢。作为一校之长，努力地走进教育深处，然后形成正确的教育主张，在碰撞交流中，集结更多的同路人，然后一起实践，最终形成教育生产力。不可想象，如果校长不理解教育、不彻悟教育，校园里的老师与孩子将会何等的痛苦？

让团队"精神"起来

中国教师报：您将景炎团队定义为"虎狼之师"，并且概括了景炎团队的精神："特别能奉献、特别能合作、特别能吃苦、特别能战斗、特别能创新、特别能执行"。景炎团队为什么会有这样一种精神？

范希娟：在我的办公室墙壁上有一张巨幅照片。那是 2006 年我与全体教师的合影，我和教师们都穿着迷彩服，照片下方醒目地书写着四个大字："虎狼之师"。这背后是有故事的。

这幅照片是2006年学校面临"生死存亡"的时候，全体教师进行暑期拓展训练时拍的。那时正值中考备考阶段，而学校正面临着要与母体学校株洲市二中剥离的困境，每个人的命运都充满了变数，但是没有人因此放弃教学，放弃即将参加中考的学生，而是齐心协力站好最后一班岗。即便是在这样的情况下，那一年的中招考试景炎依然保持了全市第一的成绩。

没有"虎狼之师"的团队精神，很难面对眼前的困难。那一年，景炎人携手并肩，杀出绝地，凝聚成了景炎人"特别能奉献、特别能合作、特别能吃苦、特别能战斗、特别能创新、特别能执行"的精神。尽管今天景炎的境况已与当年不可同日而语，但那种融入血液的奋斗精神仍在。

个体平庸不可怕，团队涣散最可怕。景炎最大的资本就是这支团队。他们是经得起困难挑战的，有不少教师是与我共同经历创业艰辛的伙伴，他们对学校充满了热爱，这正是景炎最值得骄傲的一点。

中国教师报：对景炎而言，这的确是学校的一笔精神财富。

范希娟：任何一项事业，最需要聚合的是精神，最难聚合的也是精神。

有人会过于悲观地看待教育，过于消极地对待自己的工作，甚至拒绝学习，拒绝改变，从而变得精神颓废。景炎就是先让教师精神起来，再让团队精神起来，让学校精神起来。人只有有了精神，才可能产生动力。

没有哪门技术可以一劳永逸

中国教师报：景炎一直在打造学习型组织，建设学习型团队。您也有不少关于教师学习的经典说法，比如"老师不读书，未来肯定输""驱赶老师往前走，路越走越窄；引领老师往前走，路越走越宽。"您为什么如此注重教师的学习？

范希娟：我们的教育，一头连着昨天、今天，一头连着明天。没有辜负昨天，绝大部分老师做到了；对得起今天，部分老师做到了；不断追赶明天，少数老师做到了。教育的生生不息，需要教师的孜孜以求，这是我们职业的精神。旧皇历算不出明天的祸福吉凶，昨天的风景不能成为羁绊自己脚步的理由。每一位教师都可以回头看看自己走过的路，荣光也好，惆怅也罢，尽快忘掉吧，应用更多的时间去想想明天。昨天，你也许走得潇洒，面对今日时光，你继续修行的念头还在吗？明天呢，你准备好了吗？

教育不是榨油机，把教师榨干了，教育就完了。教育是一台依靠学习作为能源的永动机，教师发展了，学生才有更大的发展空间。教育工作是讲究专业技术的，技术的习得在于勤学不辍。没有哪门技术可以让我们一劳永逸。教育在变化，时代在进步。拿着昨天的钥匙，肯定打不开明天的教育之门。有经验但又故步自封的人，也许能忽悠住稚嫩的孩子，却无法给自己原本善良的灵魂一个交代。

中国教师报：具体有哪些值得同行借鉴的措施？

范希娟：为了促进教师的可持续发展，学校专门成立了教师发展中心，并打造了一系列的名师成长工程，比如专家引领、集中学习、外出学习、结对学习、分享交流、国际交流、教学科研、素养竞赛等。通过专业化的平台，让每位老师都找到自己的专业方向，充分实现自己的价值。

如今，学校里"80后""90后"教师已经是骨干了。"90后"教师可能更主观一些，受挫力、协作力都不强，学校就要着力培养他们，给他们提供更多的机会，让他们逐步提升责任感、增强担当意识。每一个人都会有处在"菜鸟"状态的阶段，不可能一开始都很优秀。我们学校专门成立了年轻教师成长的自组织，我们内部简称为"青协"。静待花开，包容他们的失败、错误。相信他们，走近他们，激扬他们，一直是我们景炎领导干部秉承的理念。

中国教师报：对"80后""90后"年轻教师的培养已经成为当前学校管理中的一大课题。能具体介绍一些景炎的做法吗？

范希娟：对于年轻教师，学校开展的活动有"教坛新秀"竞技、个人发展规划展示、年轻教师民主生活会、校长与年轻教师对话会等，不断激发年轻教师自我发展的愿望，最终形成强大的"自动力"。年轻教师参与学习工程，要晒读书笔记、组织读书分享、开展好书推荐等活动。学校为每个年轻教师配置了成长指导导师，确保德育和教学指导两不误。

为年轻教师搭建多元发展平台，学校形成了"123"年轻教师发展体系。"1"是指每个年轻教师必须通过的一次课堂验评关；"2"是指两个综合素养比赛——一年一次的"青蓝杯"和三年一次的"挑战杯"；"3"是指三条基本发展路径：以规划引领发展，以学习带动发展，以同伴助推发展。

为年轻教师提供他们喜欢的发展方式，是我们学校正在探索的方向。学校实行"全面发展"和"分类发展"的教师发展方式。基于对年轻教师共性的分析，学校开发了教师发展通识课程，从校园文化认同、师德建设、职业规划、教育技能培训等方面，让年轻教师在最短的时间里成长为合格型教师。在这个基础上，再依据教师不同性格特质，不同兴趣专长，实行分类培训，尊重个性，彰显特质，扬长发展。

鼓励年轻教师大胆创新，努力形成自己的教学风格，最终成长为名师。鼓励年轻教师依据自己的发展规划，自己选择培训课程，自主申请外出学习项目，只要是为自身专业发展和教学特色发展服务的，学校无条件支持。我曾寄语年轻教师："上天生下我们，是要我们当火炬，学校选择我们，是要照亮自己，还要照亮学生。"

中国教师报：您曾提出"教师发展性素质"，这一概念有什么特别的指向吗？

范希娟：所谓"教师发展性素质"，就是要跳出知识、技能培育等低层面的教师教育教学状态，跳出教师教育教学"就事论事，低水平重复"的外驱动疲软状态，依托学校文化和教师经验，从粗放层面上的"外力灌注"转向哲学占位上的"内心发动"，培养起教师自我发展的能力。比如让教师课后写教学后记，反思教学得失；每学期都要将教师的教育实践、优秀竞赛课、课例反思论文、教育随笔等，纳入期末综合考评。除了这些以外，还要求老师多订阅教育教学刊物，读一些教育专著，还要完成5000字以上的读书笔记。

做大体系教育的建立者

中国教师报：优秀的校长一定是"赢在管理"。在管理中，您有哪些值得与同行分享的心得？

范希娟：管理重在理。管理是一个在混沌中理清关系的复杂过程，其间充满着冲突、挑战、温情和故事。我的人事管理思路是"多换脑子少换人"，倡导各职能部门的领导"多指导少指责、多研究少包办"。我还提出了学校内部少开会、多分享、多展示的工作方法。

2013年，我解读过我的"四字工作方略"，即细、实、活、快。所谓细，即细致、细心、细节。天下大事必做于细，精耕细作才有好收成，这是于细微处见精神。所谓实，即扎实、落实、实在。做人要实在，做学问要实在，做事要扎实，事事要落实，不要搞花花架子，不要拿名头唬人。所谓活，即活泼、活跃，不僵化，不死板，不故步自封，要把人生盘活，把课上活，要活教活学，让教师和学生充满鲜活的创造力。所谓快，即认识反思快、行动反应快、管理评价快，要坚决摒弃少、慢、差、费。快是高效，快才能出奇制胜。

作为景炎的管理者，作为景炎的教师，我们要在"一个中心、两个态度、三个功夫、四个高度"上加强修炼。一个中心即对事业的忠诚之心；两个态度，即能吃苦、能吃亏的良好心态和能做事会做事的最佳状态；三个功夫，即学理论的功夫、科学管理的功夫、抓好细节的功夫；四个高度，即使命的高度、全面的高度、发展的高度、创新的高度。只有我们所有人都加强修炼，我们的精神家园才会岿然不倒。

中国教师报： 您对景炎学校的未来有什么样的思考？

范希娟： 景炎学校的教学成绩一直不错，但是，一所学校除了成绩好，还能让学生带走什么，还能让学生留恋什么？这是每一位景炎人都要深刻思考的问题。我们虽然是民办学校，但我们不丢掉教育工作者该有的担当。我不甘心让孩子接受我自己曾经所接受过的僵化呆板的教育，新生代家长也在呼唤更多释放孩子个性的学校出现。

景炎学校目前以国家课程为基础，在保证中考成绩优秀的前提下通过六大课程套餐发掘并培养每一位学生的个性化发展需求，为学生的成长提供选择性发展方案，力图做到"一个学生一条发展路径，一个学生一套成长方案"。这套课程套餐意义重大，充分体现了"扬长"思想，深度挖掘和培育学生"强项"。

未来，景炎就是要做大体系教育的建立者，让学生在学校里可以自主选择喜欢的课程，自由表达自己的想法，走向德智体美劳全面发展的道路。未来几年，教学班制改革是重点，将打破传统的行政班级制，推行选课走班，充分利用现代人工智能和信息平台，建立起完整的景炎选课走班体系，给学生更多的课程选择权。景炎将通过强化学生的选择权来倒逼教师的专业发展。只有尊重学生选择的权利，才是真正地为学生而教，为未来而教。

（原载《中国教师报》2019年10月16日）

02　范希娟教育观点 50 条

1. 没有分数，熬不过今天；只有分数，走不到明天。
2. 民办学校的发展之路不是等别人来修，而是靠自己来走。
3. 教育需要创新，但更需要"走心"的创新。
4. 课改生于模式，课改亦死于模式。
5. 捧在手心里的孩子走不稳，缩在校园里的老师看不远，戴着枷锁的学校跳不高。
6. 管理是理在前，管在后，关系理顺了，事情自然可以管好。
7. 自信的老师激扬孩子，自卑的老师压制孩子。
8. 能把优生教好，是本事；能把差生教好，是真本事。
9. 只管小事的校长成不了大事，只想做大事的员工做不好小事。
10. 精简的会议，是管理高效的体现；冗长的会议，是管理低效的反映。
11. 有为才有位，有为更有味。
12. 搞民办教育，制度可立校，机制可兴校，文化可强校。
13. 最伟大的老师就是能给予后进生更多爱的老师。
14. 家长与其关注孩子的学习分数，不如关注孩子的学习品质。
15. 对学生要放手，但不能放纵。
16. 讲台是老师的地盘，更是学生的舞台。

17. 老师讲得天花乱坠，学生听得昏昏欲睡，考试考得两眼流泪。

18. 老师不读书，未来肯定输。

19. 育人，就如植树。顺木之天，以致其性。

20. 真做教研，做真教研。

21. 有教不研则浅，有研不教则空。

22. 教育的最大公平就是能满足不同人的教育需求。

23. 一所没有文化的学校，就如一个没有灵魂的人。

24. 宁用有德无才之人，也不用有才无德之人。

25. 学生能力有大小，但人格无贵贱。

26. 以牺牲学生身心健康来谋求分数，是一种隐性犯罪。

27. 个体平庸不可怕，团队涣散最可怕。

28. 能把虫变成龙，是名校；能把龙变成虫，是烂校。

29. 安全一放松，全线就告终。

30. 眼里没有学生的老师，学生的眼里也会没有他。

31. 不能发现问题很可怕，能提出问题很可敬，能解决问题最可贵。

32. 基础不牢，地动山摇。

33. 努力了不一定有回报，不努力肯定没有回报。

34. 不问结果，只看效果。

35. 管理的最高境界就是"去管理"。

36. 当一所学校不需要考勤时，这所学校就了不起了。

37. 了解学生，是教学的出发点。

38. 不去研究问题的人，本身就有问题。

39. 秋天不准备棉袄，冬天就等着挨冻。

40. 开会不是聚会。

41. 安于现状,生机也会变成危机;居安思危,危机也是生机。

42. 孩子不努力的背后是家长的不给力。

43. 民办学校不发挥机制优势,就失去了发展之本。

44. 老师可以追求物质,但更应追求精神。

45. 解决问题的最好办法是沟通。

46. 让老师安心、舒心、乐心、齐心,校长才可以放心。

47. 每个孩子都是上天恩赐的高贵精灵。

48. 驱赶老师往前走,路越走越窄;引领老师往前走,路越走越宽。

49. 正气、朝气、才气、灵气、秀气、帅气、大气,是景炎教师的发展方向。

50. 标准面前人人平等。

03 范希娟"普鲁斯特问卷"

著名的 Proust Questionnaire（普鲁斯特问卷）由一系列问题组成，问题包括被提问者的生活、思想、价值观及人生经验等。因著作《追忆逝水年华》而闻名的马塞尔·普鲁斯特（Marcel Proust）并不是这份问卷的发明者，但这份问卷因为他特别的答案而出名，并在当年时髦的巴黎人沙龙中颇为流行。因此后人将这份问卷命名为"Proust Questionnaire"。且看范希娟校长的"普鲁斯特问卷"有什么经典的答案。

01. 你认为最理想的快乐是怎样的？

事情一起做，成功共分享。

02. 你最希望拥有哪种才华？

正确的决策力

03. 你最害怕的是什么？

失去亲情

04. 你目前的心境怎样？

淡定

05. 还在世的人中你最钦佩的是谁？

任正非

06. 你认为你最伟大的成就是什么？

办了一所孩子们喜欢的学校。

07. 你自己的哪个特点让你最觉得痛恨？

没有特别的痛恨点，只觉得自己有不完美。

08. 如果你能选择的话，你希望让什么重现？

重新来一次刻骨铭心的恋爱

09. 你最痛恨别人的什么特点？

不讲诚信

10. 你最珍惜的财产是什么？

执着的品质

11. 你最奢侈的是什么？

激情

12. 你认为程度最浅的痛苦是什么？

暂时的困境

13. 你认为哪种美德是被过高评估的？

舍己救人

14. 你最喜欢的职业是什么？

外交家

15. 你对自己的外表哪一点不满意？

身高

16. 你本身最显著的特点是什么？

做事的韧性

17. 还在世的人中你最轻视的是谁？

没有特别轻视的人，即使有，也会尽力把他变成自己的朋友。

18. 你最喜欢男性身上的什么品质？

外刚内柔

19. 你使用过的最多的单词或者是词语是什么?

你真棒

20. 你最喜欢女性身上的什么品质?

大气

21. 令你感到最伤痛的事是什么?

美的东西被砸碎

22. 你最看重朋友的什么特点?

真诚

23. 你这一生中最爱的人或东西是什么?

没有最爱的人,只有更爱的人。

24. 你希望以什么样的方式死去?

体面、尊严地告别世界。

25. 何时是你生命中最快乐的时刻?

做梦的时候

26. 你的座右铭是什么?

上善若水

04　景炎教育说明书

姓名：株洲景炎学校

曾用名：株洲二中分校

出生年月：1999年8月

生长期：20年

出生地：中国湖南株洲

办学理念：一切为了学生，高度尊重学生，全面依靠学生。

教育理想：快乐学习，幸福成长。

校训：生本、致真、明德、日新。

学生培养目标：让学生成为道德行者、生活强者、知识智者、创新能者。

学校发展目标：教学生本优质化，管理科学人性化，发展多维创新化。

教育观：教育依靠生命，教育激扬生命。

教师观：不做纤夫，甘做牧者。

学生观：学习的主人翁，未来的创造者。

评价观：从控制生命到激扬生命。

校风：景德善创，炎智求新。

景炎教师"爱的誓言"：

我是雷，我是理性的轰响，我是学生正直人生的表率。

我是雨，我是情感的浇灌，我是学生仁和诚信的标杆。

我是蜡烛，我的每一缕光都折射出奉献。

我是春蚕，我的每一根丝都牵扯出责任。

我把爱精心设计成每一个教案，让每一门课程都活泼精彩。

我把爱倾心表达成每一次对话，让每一个学生都受益终生。

为了学生知识的富裕，我坚守清贫。

为了学生道德的真贞，我坚守单纯。

我是光荣的人民教师，我为我的职业骄傲。

我是无悔的景炎教师，我为我的学生自豪。

师资：200多名教职工中，具有本科学历、中级以上职称者占90%；市学科带头人15人，市师资库成员11人，市骨干教师12人，市视导专家9人，市教育局教师培训讲师团成员15人，全国教学竞赛一等奖30人，省教学竞赛一等奖58人。

主要疗效：让学生爱上学习，爱上生活，爱上读书；让学生优势更优，短板加长。

副作用：让学生开心，让家长省心，让社会放心。

成果：连续18届学生中考成绩蝉联全市第一；学生在数学、物理、化学、生物、信息技术等各级竞赛中有3000余人次获奖；考入新加坡公费留学生39人；考入西安交通大学少年班27人；历届学生共152人考取北大、清华；空军招飞学生20人……

荣誉：全国青少年创新教育示范学校、西安交通大学少年班优质生源基地校、湖南省民办教育特色实验学校、湖南省创新教育试点学校、湖南省中小学科技创新教育基地……

05　景炎大事记

★1999年

8月31日，由株洲市二中控股、株洲市华成置业有限公司和株洲保利洗涤有限公司参股创办的株洲市第一所国有民助的初级中学——景炎实验中学正式成立。赵湘珍副市长为学校揭牌。二中校长熊光亚任董事长，原二中副校长袁楚湘任校长，范希娟等9位二中骨干教师任中层干部及任课教师，又对外招聘了几名教师，并招收4个教学班163名学生。

★2000年

二中副校长张辉任董事长。学校成立景炎中学领导小组，张辉任组长，范希娟、李继红任副组长。范希娟担任副校长。新招初中一年级6个班300名学生，招聘市级学科带头人匡锋等10多名外校优秀教师。

★2001年

二中副校长王开和担任校长，范希娟任副校长。首届初二学生在株洲市生物和地理会考中，优秀率、合格率均居全市第一。引进外教两名，开全市先河。市政法委授予钱龙同学"2001年度见义勇为先进个人"荣誉称号，教育局做出全市教育系统开展向钱龙同学学习活动的决定。梁妍、李超杰获第十三届全国发明展览会金牌。学校被评为市 2001 年度工作考核先进单位。

★2002 年

学校规模扩大至 32 个教学班，师生 1900 余人。初中毕业会考平均分、合格率及优秀率居全市榜首。在韩国汉城（今首尔）举行的"2002 国际发明展览会"上，张汀琼和祝男夫获银牌。全国数理化竞赛学校夺得两金五铜。在市教育局年度考核中，学校被评为社会力量办学"优秀单位"，城区学校年度综合考核"特别奖"；校长王开和当选湖南省第七届"关心支持国防建设十大新闻人物"。

★2003 年

学校规模扩大至 50 个教学班级，师生 3000 余人。初中毕业会考中，我校以合格率 100%、巩固率 100% 的"双百"佳绩，蝉联全市第一。全国青少年信息学奥林匹克赛中，82 名同学荣获省级奖。全国数理化竞赛中，32 人获奖。科普活动项目"环保在我心中"获全国一等奖。学校代表首次参加新加坡国家初级学院选拔考试，袁文茜成为学校第一位新加坡公费留学生。罗希等 3 名老师被评为株洲市第三届初中学科带头人，卓志龙等 6 位老师被评为第一届市级骨干教师。全省青少年乒乓球赛中，学校代表队获得"团体总分"和"女子双打"两项第一。奉丹等 6 人在教学比武大赛中荣获省一等奖。学校被评为"2003 年度株洲市民办教育先进单位"。

★2004 年

学校规模扩大至 52 个教学班级，师生 3220 人。株洲市新课程改革研讨会在学校隆重召开，市教育局毛大训副局长主持会议。初三毕业会考中，学校再创佳绩，276 人上二中公费线。全国数理化生奥赛 140 人次获奖。科技活动"科学在我身边"荣获湖南省青少年科技创新大赛二等奖。史美震等3位同学考入西安交通大学少年班。伍多等5位同学考入新加坡国家初级学院公费留学。李隆扬、彭靖同学分别获得湖南省青少年游泳比赛第二名、第四名。学校荣获株洲市民办非企业单位"优秀单位"称号,被中共株洲市委授予市基层党建示范点"创建单位"。

★2005年

学校召开第一次全体教职工代表大会,成立景炎工会委员会,刘坚华兼任工会主席。中考人均总分、合格率、优秀率居全市第一名。曹可考取西安交通大学少年班,王嘉憨等4位同学考入新加坡国家初级学院公费留学。全国数理化生信息竞赛46人获奖。王开和、范希娟、刘坚华应新加坡国家初级学院潘玉珠邀请赴新加坡进行学术交流。刘坤等2人赴新加坡参加国际相声大赛获优秀奖。罗坤光等4位教师获省录像课及说课比赛一、二等奖。学校荣获"市基层党建示范点"、市级民办学校先进单位称号。

★2006年

市教投公司卓如喜任董事长,范希娟任校长,刘坚华兼任书记,罗希任副校长。市教育局陈天星局长来校指导工作。毕业会考,学校合格率、优秀率、人平均分均名列全市第一名。唐宁睿等5位同学考入新加坡国家初级学院,享受公费留学。多名师生在省第十届运动会上获奖,又获市"三好杯"女子篮球团体冠军、男子足球冠军。学校成功承办了"民办教育之歌——放飞梦想"大型文艺演出。李川柏获省级录像课竞赛一等奖。学校两项课题获得省级重点课题立项。两项课题分别获全国一等奖和省一等奖。省首届中学生物教学创新大赛中,我校四项参赛作品获省一、二等奖。匡锋被聘为湖南省中学生物教学核心研究小组成员。

★2007年

市教育局积极招商引资。7月,温州商会会长潘长海先生正式与株洲市二中、教育投资公司签约,做出了投资一点五个亿、购地300亩、三年内建好景炎新校区的承诺。学校与二中剥离,搬迁至河东原铁一中校址办学。景炎中学更名为景炎学校,潘长海任董事长。中考再创辉煌,学校总平均分702分,比第二名的学校高30分。人均总分、合格率、优秀率居全市第一名。王方为等7位同学考入新加坡国家初级学院,享受公费留学。数理化生竞赛中,有173人次获得一、二、三等奖。省信息技术竞赛中有41人次获得一、二、三等奖。参加第四届全国中小学劳动技术教育创新大赛,两项成果分别荣获金奖和铜奖。学校26名师生组成"景炎学校感受狮城多元文化游学团",应邀对新加坡国家初级学院进行回访。范希娟校长荣获"尚格杯"第八届株洲十大杰出青年称号。

★2008年

学校成为教育部"十一五"重点科研课题生本教育湖南省首所实验学校,郭思乐教授来校作了生本教育专题报告。匡锋兼任工会主席。中考综合评价考核中,获5A成绩的学生共373人,合格率、优秀率、人均成绩均居市区第一名。肖予智等6位同学考入新加坡国家初级学院,享受公费留学。王晓迪荣获CCTV"希望杯"英语大赛全国亚军。赖文哲荣获"朗文杯"新概念英语背诵大赛全国总决赛季军。全国物理中南六省初中生物联赛,学校处于绝对领先地位,颜晴、黄润超分别获数学竞赛初二、初三年级全市唯一满分奖。在"世界奥林匹克机器人竞赛(WRO)中国区选拔赛"初中组铁人三项赛中，周文轩、袁崇钧摘得银牌。原景炎学子贺翔宇等9人考取清华、北大。省民办学校迎奥运文艺汇演中，学校情景音乐剧《国歌响起》获一等奖。这一年，我校在株洲市率先发起向汶川灾区献爱心活动，师生捐款9万余元。学校被评为株洲市民办教育先进单位、市教育局优秀党支部。

★2009年

中考再创辉煌，学校人均总分、合格率、优秀率居全地区第一名。王曼妮考入西安交通大学少年班，成为学校第6位考入该校少年班的学子。陈彬莹等4位同学考入新加坡国家初级学院，享受公费留学。中南六省生物学奥赛张维思获全市第一。全国初中化学、数学、物理竞赛，81人获得一、二、三等奖。景炎学校自觉肩负起引领株洲中小学求索生本教育之路的责任，先后三次组织教师参加广州全国生本教育研习班。匡锋被评为全国优秀教师，阳红被评为省民办教育百佳教师。

★2010年

11月，范希娟校长荣获"省先进工作者"称号。刘永春、李晋、李川柏成为新一届市级语文、德育、历史学科带头人。李细、吴淑红获湖南省教学竞赛一等奖；黄亚平获全国信息教学竞赛一等奖；王芳获全国地理教学竞赛特等奖。李谨然、赵雅婧、刘自强、殷振国、刘菁雅等5位同学考取西安交通大学少年本硕连读班，赖文哲、黄文轩、罗雅逊3位同学被新加坡国家初级学院录取。7月1日下午，株洲市委常委、组织部部长程绍光到学校调研考察。6月30日，学校董事长潘长海先生代表学校与芦淞区政府正式签订新校建设协议书。5月，学校举办全国生本研讨会。学校在中考中成绩高居全市榜首。学校荣获"全国青少年创新示范学校"称号。学校获得"省民办特色实验学校"荣誉。校长范希娟获得"株洲市民办教育工作突出贡献奖"。8月,10名来自韩国抱川市的学生来学校进行文化交流学习。

★2011年

3月16日,景炎学校教职员工爱心扶助基金会成立。2011年中考,景炎学校以5A人数374人再次夺得全市第一名。5月6日下午,新加坡海星中学及丹绒加东女校一行5人来到学校访问,唐义植老师作为志愿者赴美进行为期一年的汉语教学和中国文化交流活动。学校生物、数学、物理三个教研组被评为省级优秀教研组。黄亚平获得全国信息技术优质课展评一等奖,王芳获得全国湘版地理教材试验区教学大赛特等奖,李细老师获得全国英语教师基本功比赛一等奖,奉丹老师获得中南六省中小学美术教育交流协作会现场课比赛一等奖第一名。周文轩考入西安交通大学少年班,2008届毕业生肖韵曼以669分获株洲地区文科第一名。肖悦成荣获"少年说"全省中学生演说比赛总决赛总冠军。学校获"湖南省文明卫生单位"荣誉称号。10月22日,学校获"湖南省中小学科技创新教育基地"荣誉称号。12月2日,学校被评选为"全国创造教育先进集体"。

★2012年

景炎学校五年规划出台,第二个三年生本行动规划落定,学校管理建构更创新。中考成绩获5A人数总数340人,再次遥居全市榜首。好婷、庄鑫杰分别考入丹绒加东女校和海星中学。肖圣圣成为学校第12个考入西安交通大学少年班的大学生。11月28日,西安交通大学领导小组在学校举行"西安交通大学少年班优秀生源基地"挂牌仪式。刘雅思出版了首张个人音乐专辑。袁帅获得湖南省文科状元,陈建辉获得株洲地区理科状元，何懿晨、皮家璇同学并列株洲市区文科状元。喜迎十八大"唱响中国"株洲演唱会，学校的参演学生倾情献唱。何啸、李超敏、唐海艳获全国生本教育大赛现场课大奖。

★2013年

彭至为通过西安交通大学少年班复试，考入该校本硕连读少年班。3月21日下午，学校举办爱心义卖活动，对口帮扶本校及炎陵秩堂中学等学校的困难学生。学校数理化竞赛又一次取得胜利，在初三全国初中数学竞赛中，全市两个满分奖由熊艺航、吴浩宇两位同学获得。全国初中化学竞赛中，周文杰同学成绩高居株洲地区榜首。中考学校再次获得市区第一的优异成绩。7月10日，学校胡秭睿同学正式与新加坡中华中学签订入学奖学金协议，成为学校第39名新加坡留学生。学校获得全国"特色建设先进学校"荣誉称号。李靖华、肖佩莲、蔡丽君在市第四届"教坛新秀"竞赛活动中被授予"教坛新秀"称号，李靖华、肖佩莲被授予株洲市五一劳动奖章，蔡丽君被授予"教师能手"称号。

★2014年

4月17日，学校2200余名师生开展绕株洲湘江风光带毅行活动。学校实施品质、能力、特长三位一体的"PLS绿色评价体系"，对学生进行全面评价。学校中考成绩连续13年保持市区各校第一名。周睿璇、艾巍被西安交通大学少年班录取，成为西安交通大学本硕连读的准大学生。2014年"希望之星"英语大赛株洲赛区，李乐遥获得冠军，吴宜朦获得季军。11月19日新校区开工典礼举办标志着景炎学校新校区建设启动。11月21日，景炎学校举行了英才奖学金颁奖典礼暨世纪明德励志报告会，邀请清华大学宋立滨博士作青年成长励志报告，和同学们分享励志故事。

★2015年

2015年中考成绩公布，学校以459个5A学生遥居榜首，14年蝉联全市第一。教师团队2人获国家级一等奖，8人获省一等奖，6人获省二等奖，获奖科目涵盖9个学科。3月，美国罗斯福学校来学校进行友好交流活动，加拿大蒙特利尔市玛格丽特-布尔瓦公立教育局来学校进行友好访问并签署合作备忘录。6月，学校与加拿大甘露市教育局签署特色班合作协议。学校为教职工购买了企业年金。李星桥、黄隆宁2位同学以优异成绩通过了西安交通大学少年班选拔。范希娟女士作为湖南省唯一的中学校长代表参加西安交通大学少年班成立30周年大会。

★2016年

刘昱远经过初试、复试，最终被西安交通大学少年班录取。王琪、杨英俊、刘羽博被录取为航校学生，学校被授予"空军招飞优质生源中学"荣誉称号，并被评为"2016年度空军青少年航空学校建设工作先进单位"。学校中考5A人数达到491人，再创新高，各学科（含体育）平均分、合格率均列全市第一。12月5日，学校通过送课下乡、莽山研讨、教师结对等一系列活动，对禾滩中学进行实地指导。12月6日—30日，华东师范大学理解教育研究所专家一行6人来我校，对教师的专业发展进行全方位评价。全国初中化学课堂教学展示与观摩（培训）暨化学教学改革研讨会上，郭晓老师凭借录像说课《绪言——化学使世界变得更加绚丽多彩》荣获全国一等奖。李双老师参加湖南初中生物青年教师专业素养竞赛，斩获一等奖。

★2017年

2月16日,株洲市政府副市长杨胜跃一行20余人莅临学校参观调研。4月28日,湖南省"两新"工委专职副书记罗缵吉一行八人莅临景炎学校就学校党建工作进行督查调研。5月9日,株洲市人大常委会副主任刘柏生一行6人来学校进行调研。5月18日,株洲市教育局局长吴安浩来学校进行调研。2017年中考,景炎学校5A学生以444人,连续16年位列全市第一。9月,以"多彩城市,精彩景炎"为主题的景炎学校第四届体育季暨第十七届田径运动会在市体育中心隆重举行。袁也喜获省初中传统文化教学竞赛一等奖。在2017年的省级骨干民办学校验收中,学校被授予"湖南省骨干民办普通中小学校"称号。2017年度空军青少年航空学校招飞工作中,学校4名学生入榜。在株洲市"三好杯"比赛中,我校男子篮球队成功实现七连冠,并在湖南省青少年篮球总决赛中摘得桂冠,代表湖南省参加了2017年全国中学生篮球联赛。在株洲市"市长杯"足球比赛中,我校男子足球队蝉联冠军,代表株洲市参加湖南省校园足球初中总决赛并获得冠军。

★2018年

1月23日,学校被评为湖南省骨干民办学校。3月18日,张贤宇、何瑞儿、刘楚鹏、李瑞阳、刘天冉等5名同学被西安交通大学少年班录取。5月28日,景炎学校第五届毅行活动成功举办。5月30日,2018世界青少年机器人邀请赛(WRO)湖南省选拔赛,学校机器人社团8支小队分别获得省一、二、三等奖。8月8日,学校学生担任主力的株洲市初中男子足球队首次荣获2018年湖南省青少年校园足球初中总决赛甲组冠军。9月7日,学校举行了庆祝第三十四个教师节暨第八届"感动景炎十大人物"颁奖典礼。10月25日,加拿大多伦多学校校长一行3人来学校进行友好访问交流。12月6日,株洲市副市长杨胜跃考察景炎学校智慧课堂。12月12日,株洲市初中语文课堂教学竞赛在学校举行。12月20日,学校谢蕾老师参加省班会竞赛荣获一等奖。12月27日,学校获评"湖南省优秀民办学校",学校合唱团在湖南省民办教育协会主办以"民教花开映三湘"为主题的文艺汇演中荣获金奖。12月28日,学校两名学生双双斩获全国信息学奥赛一等奖。

后 记

近年来颇为流行的"读者反应批判理论"认为,一部作品的存在决定于读者的创造与参与。当读者坐下来阅读或欣赏时,他不是在读作品,而是在写自己的书。

若是以此理论来审视这部《非常校长》,我们大抵可以认为,许多读者都将在范希娟校长的故事中,发现属于自己的故事,体味曾经打动自己的情感,回望业已走过的人生——这将是一段难忘的旅程,因为在范希娟的故事中,你我会有相似的共鸣。

我们之所以在阅读范希娟时没有强烈的距离感,本质上在于她并非那种远得让人无法企及的人物。虽然被贴上"女强人"的标签,但范希娟骨子里依然充满儿女柔情,不论是对教师、学生,还是对父母、爱人,我们能从许多细节中感知,她的内心满是一个普通人的情愫。范希娟的话里常常会出现两个词,一个是"兄弟姐妹",一个是"我们的孩子"。

但与此同时,在范希娟的故事里,又不时会有一些类似电影中的"奇观现象",令人叹为观止。在儿女情长的另一面,范希娟又是那么特别,她不仅经历了绝大多数民办教育人经历的酸甜苦辣,更遭遇了一般人难以想象的艰难。比如,在几次关乎学校生死的时刻,她一定是绝对的主心骨,当数百双眼睛望着她,希冀她做出一个重大而正确的决定时，她该如何选择？当机遇突然来临却又稍纵即逝时，她该如何巧妙地在各路人马中权衡，最终抓住机遇？事后看来，是范希娟那些"化险为夷"的决策和"舍我其谁"的勇气，在关键时刻挽狂澜于既倒，拯救了景炎，也最终成就了景炎。这些充满"神话"、仿佛小说中才会出现的故事，都平添了她身上的传奇色彩。所以，你若是把阅读她的故事当作是在写自己的书，一定会感受到其中的激流涌动，乃至惊心动魄。

既有侠骨，复得柔情，这样的女人，故事自然足够精彩。

其实，民办教育圈里每一所成功学校的背后都有自己的故事，有故事的办学者也不乏其人。范希娟并非资历最深、名望最盛的那一类，只是作为一名女校长，范希娟身上确实有一股独特的气质。她的真诚，她的勇敢，她的果决，她的睿智，她的"不服输"，她的"我命由我不由天"，是如此鲜活动人。她不仅可以成为鼓舞人前行的精神偶像，也为更多的办学者分享了许多来自一线的管理智慧与处世哲学。民办教育界确实需要这样的存在。

由此，我们才会不惜笔墨与时间，试图勾勒一个相对完整而真实的范希娟。有人说，任何试图还原一个人的努力通常都是徒劳的，因为一个人身体内部本身就混杂着不同的属性和基因。的确，以一本书的体量，我们绝不敢说写出了范希娟的全部。但我们期望，在已经呈现的那些记述中，大而言之，会有更多的朋友从她的经历中思索自己的人生方向，领悟办学的基本方略；小而言之，哪怕读懂课堂教学改革的某些策略，学会一两个演讲小技巧，我们便已知足。

在本书即将付梓之际，特别向诸多为本书出版付出努力的师长、朋友致以最真挚的感谢。感谢中国教育报刊社雷振海副社长拨冗为本书题写序言;感谢山东文艺出版社副总编辑杨智先生和本书的责任编辑王怀瑞、孙运宋、韩梓纯为本书的顺利出版付出的心血;感谢范希娟校长的信任,坦诚地向我们敞开心扉;感谢景炎学校李川柏主任为本书成稿提供了大量的素材;感谢景炎学校的所有教师,你们的敬业、坚守与专业成就了一位好校长。

黄 浩

图书在版编目（CIP）数据

非常校长/褚清源，黄浩著. —济南：山东文艺出版社，2019.10
ISBN 978-7-5329-5955-6

Ⅰ.①非… Ⅱ.①褚… ②黄… Ⅲ.①校长—学校管理 Ⅳ.①G471.2

中国版本图书馆 CIP 数据核字（2019）第 221243 号

非常校长

褚清源　黄　浩　著

主管单位	山东出版传媒股份有限公司
出版发行	山东文艺出版社
社　　址	山东省济南市英雄山路 189 号
邮　　编	250002
网　　址	www.sdwypress.com
读者服务	0531-82098776（总编室）
	0531-82098775（市场营销部）
电子邮箱	sdwy@sdpress.com.cn
印　　刷	山东新华印务有限公司
开　　本	710 毫米×1000 毫米　1/16
字　　数	200 千
印　　张	17
版　　次	2019 年 10 月第 1 版
	2022 年 1 月第 2 版
印　　次	2022 年 1 月第 3 次印刷
书　　号	ISBN 978-7-5329-5955-6
定　　价	58.00 元

版权专有，侵权必究。如有图书质量问题，请与出版社联系调换。